Geniaal! Nu kan ik het gedrag kiezen waardoor ik krijg wat ik wil. Een must-read voor iedereen die de beweegredenen van zichzelf en van anderen wil begrijpen. En wie wil dat niet?
Pieter ter Kuile, coauteur (naast Marshall Goldsmith) van *Tot hier en nu verder*

Als organisator van seminars kennen wij Pacelle als voortreffelijk spreker over invloed en overtuigingskracht. Het boek is een logisch gevolg en een absolute aanrader voor iedereen die wil overtuigen.
Hans Groen, oprichter van Focus Conferences

Van Goethem slaagt erin om een soort van 'best of both worlds' te creëren: goed smakende voorbeelden, praktische tips, maar dan wel in een nieuw bedacht kader dat volstrekt logisch is! Kortom: verplichte kost voor iedereen die van beïnvloeden leeft.
Roald Pool, econoom en partner bij Vergouwen Overduin

Wil iedereen dit boek lezen alstublieft? Werkoverleg, presentaties, gesprekken en zelfs conflicten worden zoveel zinvoller als we ons ook maar een beetje aan Pacelles adviezen weten te houden.
Margreeth Kloppenburg, coauteur van *Hoera, een conflict!*

Een echte pageturner! Inspirerende voorbeelden én herkenbaar én goed onderbouwd met onderzoek. Altijd en overal te gebruiken. Een echte aanrader om bij je te hebben als je iemand wilt overtuigen, op het werk, in de winkel en in de kroeg!
Nicolette Kat, auteur van de bestseller *Coachen met een leeg hoofd*

Pacelle van Goethem las alles wat los en vast zit over dit onderwerp. Ze pakte de beste inzichten uit de beïnvloedingswetenschap, stopte die in een blender en wat eruit rolde is... een verbluffend helder boek. Met een basismodel dat zo praktisch toepasbaar is, dat je je afvraagt waarom niemand daar eerder op gekomen is. Profiteer ervan!
Hans Janssen, oprichter van Denkproducties

With Selling Ice to Eskimos, Pacelle van Goethem has accomplished something rare, weaving together just the right combination of research and practical application into a highly readable book.
Dr. Robert B. Cialdini, professor psychologie aan de Arizona State University en auteur van *Invloed en Overtuigingskracht*

Voor Rembrand en voor Richard en Will van Goe'

IJs verkopen aan eskimo's is ook verkrijgbaar als e-book. Kijk voor meer informatie over deze en andere titels op www.businesscontact.nl.

Pacelle van Goethem

IJs verkopen aan eskimo's

Leer je invloed vergroten en onzichtbaar overtuigen

Uitgeverij Business Contact
Amsterdam/Antwerpen

Voor Rembrand en voor Richard en Will van Goethem

Achtste druk, februari 2012

Uitgeverij Business Contact, Amsterdam

Omslagontwerp: Jos Peters, Huizen
Foto auteur: Marleen van Goethem, marleenvangoethem.nl
Boekverzorging: LINE UP boek en media bv
Vertalingen: Kristin de Haseth Möller

ISBN 978 90 470 0183 6
D/2008/0108/338
NUR 806, 810, 765

www.businesscontact.nl

Inhoud

Voorwoord

Voor je ligt het boek dat ik met zoveel plezier schreef. Zoveel meer dan ik verwachtte. Een poosje geleden werd mij gevraagd of ik een boek wilde schrijven over overtuigen. Ik voelde me vereerd. Al jarenlang coach ik mensen om meer invloed en overtuigingskracht te krijgen. Door studie en reacties steeds nieuwsgieriger geworden zocht ik naar overkoepelende verklarende wetenschap en wetmatigheden.

Hoe kan het toch dat niet altijd het beste plan wint? Dat sommige mensen alles 'fout' doen en toch iedereen aan hun lippen hangt? Te laat, nerdy en misschien met witte sokken, en er toch met de hoofdprijs vandoor gaan. Niet overtuigen door de perfecte winnaar maar overtuigen door de imperfecte underdog heeft mij aan het denken gezet. De ondraaglijke lichtheid van overtuigen. Wat heeft Bill Clinton dat ik (nog) niet heb?

De antwoorden vond ik in de neurofysiologie, psychologie, marketing, sociologie en sociolinguïstiek. De beste tips in de retorica, psycholinguïstiek, stemtechniek, toneel en theater. Samen boden ze me stof tot wetmatigheden die voor uiteenlopende mensen in uiteenlopende situaties toepasbaar bleken en wonderwel bleken te werken. Mensen ontdekten dat ze daarmee anderen kunnen overtuigen in hun eigen stijl. Inmiddels kreeg ik zin om alles te delen.

De vraag om mijn ideeën te delen op papier kwam op het goede moment. Ik vroeg of dat zou kunnen in de vorm van een onderbouwd boek, evengoed vol met tips en, als het mij gegeven was, een boek dat ook nog leuk zou zijn om te lezen. Geen hardcover, eerder een boek dat zou passen in je achterzak op weg naar een onderhandeling. We waren er snel uit. Mijn eerste echte schrijfwerk deed ik zomer 2007 in Seattle. Op zoek naar een schrijfplek struikelde ik een boekwinkel binnen. Daar heb ik een week lang gewoond met mijn laptop, aangevuurd door *double shot lattes* en Rufus Wainwright. Waar kon ik beter schrijven dan in het land waar overtuigen is uitgevonden? En dan ook nog in de 'intellectual city'. In een boekwinkel. Naast de oudste markt van de VS, waar handelaren hun vis en koffie zo overtuigend verkopen.

Ik heb geprobeerd wetenschap en onderzoek samen te vatten in een handzaam boek, met een handzaam model en handzame tips. Tips die ik al aan veel mensen heb verteld en die hen, naar hun zeggen, veel succes hebben gegeven. Ik hoop dat ze voor jou ook werken. Als je wilt, laat het me weten.

Veel mensen wil ik bedanken. Pim, voor je slimme redactie en meedenken. Mijn collega's van Vergouwen Overduin. Michiel, voor onze samenwerking en de achterkant van mijn gelijk, en Margriet en Hanee, voor jullie enthousiasme. Robertjan, voor je marketingkennis en je steun. Marco en Roos voor jullie lovende woorden. Annemie, voor je interesse en je vertrouwen. Ina en Elke, voor jullie vraag om een boek te schrijven. Pyter, Elke en Wieke, voor jullie betrokkenheid. Roald, voor je inspiratie. Hans Janssen, voor je enthousiasme en onze samenwerking voor de seminars. Marleen, voor je prachtige foto. Kristin, voor je vertalingen. Betty, Rick, Sylvana, Boudewijn, Peter, Kees, Iris, Melle, Guus, Hans, Renee, Jeroen, Simon, Tijn, Pieter, mijn oma's, Annemieke, Maurits, Sandra, Iris, Joost en Joop voor jullie inspiratie. Lieve familie, vriendinnen en vrienden, pa en ma, voor jullie steun! En vooral Rembrand, voor je ideeën, je plezier en al jouw geduld.

Thank you, Michael and Michael of M Coy Books & Espresso, for your hospitality. Howard Schultz, for your inspiring words. And a special thank you to Dr. Robert Cialdini, for your inspiration and all your great compliments regarding my work.

Pacelle van Goethem
Haarlem, november 2008

Deel 1
Invloed & overtuigen

Eigenlijk zijn we allemaal niet zo vreselijk uniek.
We zijn met z'n 6 miljarden.
Als je ons allemaal in één kamer zou stoppen,
zouden er maar een paar opvallen als individu.
Dus misschien moeten we onze waarde zien
als ons vermogen om mee te doen als deel van de natuur,
en niet om over de natuur te heersen.
Juist redeneren doe je met een groots systeem
van logische waarheden,
maar alleen God kan daarvan rechtstreeks gebruik maken.
Herbert Simon

Als een zakkenroller een heilige ontmoet, ziet hij alleen zakken.
Indiaas gezegde

Hoofdstuk 1
Hoe werkt invloed & overtuigen?

Though we rush ahead to save our time
We are only what we feel
Neil Young

1.1 Hoe worden we beïnvloed?

Wij zijn irrationeel

Wij zijn natuurlijk intelligente, nadenkende wezens, die rationeel door het leven gaan. We denken goed na voordat we gaan stemmen, we kiezen in een vergadering voor het beste voorstel en denken goed na voordat we iets zeggen. Toch? We zijn voorkomende burgers, groeten onze buren, leren onze kinderen u zeggen en zamelen ons glaswerk gescheiden in van onze batterijen. En als we een plan presenteren blijven we vriendelijk als anderen niet reageren of als ze ons plan bekritiseren. Toch?

Maar overvalt jou een onrustig gevoel als de Drie Dwaze Dagen weer aangekondigd worden? Ervaar je een mengeling van verrassing, schuld en weerzin als je een kerstkaart krijgt van iemand die je al lang niet meer gesproken hebt: *Oh nee, nu moet ik iets terugsturen*. Hier word je op irrationele wijze beïnvloed. Maar ook als je wijze raad aanneemt of een mooi pak aantrekt voor je sollicitatiegesprek, laat je je beïnvloeden – rationeler en bewuster weliswaar, maar invloed blijft het.

De eerste deuk in het vertrouwen in mijn ratio had natuurlijk met jongens te maken. Mijn mening over jongens werd direct beïnvloed door de mening van mijn ouders. Als ik een vriendje meenam en zij zeiden: 'Wat is dit voor een engerd', begon ik uit te leggen hoe leuk hij was. Eventuele twijfels over hem verdwenen als sneeuw voor de zon. Als ik een vriendje presenteerde en hun reactie was positief, begon ik te twijfelen aan mijn smaak en beargumenteerde ik hartstochtelijk zijn mindere kanten, hoe leuk ik hem daarvoor ook had gevonden.

Op de studentenvereniging ontdekte ik hoe graag ik met een groep wilde meedoen, hoorde ik mezelf tegen anderen dingen zeggen die niet kloppen ('ik hou van skiën') en zong ik in de kroeg hard mee met teksten die ik hier niet durf te herhalen. Meer deuken weer een paar jaren later in een rij bij het V&D Prijzencircus. Ik wilde per se een dvd-recorder hebben waarvan ik een half uur daarvoor het bestaan nog niet kende. Net als de zeventig anderen naast mij. Ik kon mijn zoontje boven mijn hoofd tillen, vroeg hem te zien waar de kassa was en hoe ik ons daar zonder letsel het snelst naartoe kon wringen. Ik kwam pas bij zinnen toen ik een krijsende vrouw haar baby als stormram zag gebruiken om verder op te schuiven in de rij.

Kinderen leren je sowieso hoe weinig je kunt met je ratio. Sinds ik mijn zoon ken, weet ik zeker dat ik met al mijn logica kansloos ben. Ik heb de beste voornemens, ik weet wat goed is voor een kind en wat een deugdelijke opvoeding vermag. Duidelijke grenzen stellen, voet bij stuk houden en volharden. Buiten spelen, alleen onbespoten fruit snoepen en bij misstappen gezag uitoefenen. Simpel. Toch heeft hij een Nintendo DS en een Wii, zit hij gek genoeg ineens vlak voor het eten met een schaaltje M&M's (!) en zit ik soms te grinniken als hij iets opbiecht.

En jij? Heb je weleens overwogen om een roeiapparaat te bestellen bij Tell Sell? Heb je weleens iets beloofd waar je onmiddellijk spijt van had? Als je op een van deze vragen 'ja' antwoordt, ben je ook beïnvloed geweest en reageerde je onlogisch.

Gelukkig zijn we niet alleen. Mensen zijn onlogische wezens; we zullen ons erbij moeten neerleggen, hoe teleurstellend het ook lijkt. Op 17 januari 2008 kreeg misdaadverslaggever Peter R. de Vries ons met zijn zeven miljoenen voor de buis door drie dagen daarvoor aan te kondigen dat hij met een grote onthulling zou komen over de verdwijning van Natalee Holloway. Hij creëerde schaarste (*ik mag het nu nog niet weten, wat zou het zijn*) en het rondvertellen gaf sociale bewijslast (*iedereen kijkt, dit moet ik ook zien*).

Dit boek gaat over invloed en hoe wij daarop reageren, hoe we meestal volgzaam en irrationeel zijn en heel soms rationeel, over hoe je die kennis kunt gebruiken als je iemand wilt overtuigen. Zoals Jamie Gold, wereldkampioen poker, ooit zei: 'Ik kan winnen zelfs als ik niet de beste hand heb...' Om de beste tennisser te worden is de beheersing van alle technieken niet voldoende, maar moet je het psychologische spel kunnen winnen. Als wij onze invloed willen vergroten en mensen van mening willen laten veranderen, is het belangrijk te weten wat ons mensen beweegt en wat ons van mening laat veranderen.

Definities

Eerst de definities van invloed en overtuigen zoals ik ze zal gebruiken in dit boek.

Invloed is het effect van een stimulus op ons gevoel en daarmee op onze reactie. De reactie kan zijn volgen, denken, vechten of vluchten. Die stimulus is de situatie waarin we zijn en/of het gedrag van andere mensen om ons heen. We kunnen de stimulus bewust beleven, maar doorgaans zijn we ons niet bewust van die stimulus. Als jijzelf invloed hebt, ben jij de stimulus voor de ander. Jouw invloed is het effect dat jij hebt op het gevoel en daarmee de reactie van een ander.

Overtuigen is die invloed, waarbij we instemmen met een mening, verzoek of voorstel, door iemand te volgen of na erover te denken. Als jij overtuigt, is jouw invloed dat de ander jouw mening, verzoek of voorstel overneemt door te volgen of erover na te denken. Bij instemmen door volgen is sprake van onbewust overtuigen; je luistert wel maar registreert niet wat er precies gezegd wordt en van een rationele afweging van argumenten is geen sprake. Bij instemmen na denken is sprake van bewust overtuigen. De vier basisreacties op invloed van buitenaf zijn 'volgen', 'denken', samen met 'vechten en 'vluchten'. Ze komen uitgebreid aan de orde in hoofdstuk 2. Van het verschil kan veel afhangen, zoals blijkt uit het volgende voorbeeld.

583 doden voor niets

Tenerife, Canarische Eilanden, 27 maart 1977. Een Nederlandse KLM-Boeing 747 is op weg naar Las Palmas. Na de KLM-Boeing zal een Pan Am-Boeing vertrekken. Het is aan het eind van de middag en er komt mist op van zee. In de cockpit zitten gezagvoerder Jacob Veldhuyzen van Zanten, zijn copiloot en zijn boordwerktuigkundige. Ze hebben haast, omdat hun maximumaantal uren in de cockpit overschreden dreigt te worden en omdat de mist snel dichter wordt.

Om 17.05.44 uur meldt de copiloot dat ze klaar zijn voor vertrek. Er komt toestemming voor de vlucht, maar nog niet om te starten. Op dat moment taxiet gezagvoerder Victor Grubbs van de Pan Am-Boeing over de startbaan en zoekt de afslag waar ze hun draai kunnen maken. De mist wordt dichter en het uitzicht nadert de startlimiet. De KLM-copiloot leest de toestemming voor de vlucht hardop terug en terwijl hij dat doet, zegt Veldhuyzen van Zanten: 'We gaan...' Om 17.06.13 uur maakt hij de remmen los en geeft gas. De copiloot maakt het teruglezen gehaast af en zegt: '...and we are now at take-off...' Dit is een ongebruikelijke tekst en de verkeerstoren bevestigt met: 'OK, standby for take-off'.

De KLM-bemanning zal het deel 'standby for take-off' nooit horen. De Pan Am meldt om 17.06.20 uur dat ze nog steeds op de startbaan zijn, en dat bericht veroorzaakt in de KLM-Boeing een fluittoon na 'OK'. De gezagvoerder blijft dus vaart maken.

17.06.25 uur. De KLM-boordwerktuigkundige hoort dat de verkeerstoren aan de Pan Am-Boeing vraagt of ze de startbaan hebben verlaten. Hij vraagt: 'Hij is er toch wel af, die Pan Am?' 'Natuurlijk', zegt de gezagvoerder. De KLM-Boeing is dan in volle vaart.

Om 17.06.49 uur ziet de Pan Am uit de mist de KLM-Boeing recht op zich afkomen. Veldhuyzen van Zanten ziet de Pan Am-Boeing opdoemen en trekt de neus omhoog. De staart sleept een 22 meter lange diepe voor in het asfalt van de startbaan. De KLM-Boeing komt van de grond, maar raakt de staart en het dak van de Pan Am-Boeing. 583 mensen komen om. Tot vandaag geldt het ongeluk op Tenerife als de grootste ramp in de burgerluchtvaart ooit.

Hoe kon dit gebeuren? Hoe de gezagvoerder handelde is één ding. Maar waarom deed de copiloot niets? Hij had de ramp kunnen voorkomen, maar greep niet in. Niet toen de captain zei: 'We gaan' terwijl hij, de copiloot, de toestemming tot de vlucht controleerde. Niet bij het ontkoppelen van de remmen zonder dat clearance was gegeven. Niet toen de boordwerktuigkundige vroeg of de Pan Am wel van de baan was. Hij zat erbij en keek ernaar. Was hij dom? Voor een copiloot is dat onwaarschijnlijk. Had hij niet begrepen dat ze moesten wachten? Natuurlijk wel.

De Tenerife-ramp kon gebeuren door wat in de luchtvaart bekend staat als 'captainitis'. Captainitis is het principe waarbij iemand in de ban raakt van een autoriteit, zoals een gezagvoerder. Deze copiloot was nog maar net bevoegd om te vliegen in een Boeing 747; hij was bovendien opgeleid en geëxamineerd door deze gezagvoerder.

De copiloot was erbij toen de boordwerktuigkundige vroeg of de Pan Am wel van de baan was. Hij wist dat de startprocedure niet volgens protocol verliep. Hij had op basis van zijn opleiding en informatie genoeg reden om de piloot tegen te spreken en zat zo dichtbij dat hij hem zelfs fysiek had kunnen beletten te starten. Hij deed het niet en was coöperatief met zijn meerdere. Het lijkt erop dat zijn verstand en logisch denken waren uitgeschakeld in het vertrouwen dat de gezagvoerder, zo ervaren, kundig en wijs, 'natuurlijk wist wat hij deed'. *De copiloot waande zich veilig onder de hoede van een autoriteit en dacht niet meer zelf na.* Sinds de ramp op Tenerife zijn internationaal geldende richtlijnen opgesteld voor extra controle op de beslissingen en handelingen van de gezagvoerder (wat overigens ook minder alertheid kan oproepen, nu door de autoriteit van een protocol).

Hoe bestaat het dat wij ons intellect soms uitzetten? Het gedrag van de copiloot lijkt op dat van de kikker die niet in de gaten heeft dat hij gekookt wordt. Je kent vast het volgende experiment. Een kikker wordt in een pan met kokend water gegooid. Hij springt er meteen uit en redt zijn leven. Een kikker die in koud water zit dat op het vuur staat, went langzamerhand aan de onaangename temperatuur en blijft zitten tot hij gekookt wordt. Wij lijken op de kikker. *Sommige stimuli, zoals mensen die we vertrouwen, hebben dus zonder dat we het merken veel invloed op ons inschattingsvermogen.*

Beroemd geworden is het experiment van Milgram uit de jaren zeventig. Hij onderzocht hoe gewillig mensen mee zouden werken met een vermeende autoriteit. In het experiment spoort een vermeende professor, want uitgerust met bril en witte jas, iemand aan om stroomschokken toe te dienen aan een zogenaamde proefpersoon. Degene die de stroom toedient hoort dat in het experiment het effect van stroomschokken op iemands denksnelheid wordt gemeten. De 'proefpersoon' aan de andere kant van het raam is een acteur die doet alsof hij of zij stroom voelt. De werkelijke proefpersoon is degene die onder aansporing van de autoriteit steeds zwaardere schokken toedient. Hij of zij hoort het effect op de ander en weet niet dat het een geluidsband is met opgenomen schreeuwen. Wat gebeurde? De proefpersonen dienden schokken toe. Ook als ze onthutst waren over hun invloed op de ander. Ze smeekten de professor om het experiment te stoppen, maar gingen desondanks door met toedienen van de schokken. De resultaten waren ongelooflijk: 65 procent van de proefpersonen bleef schokken toedienen tot een voltage van 450. De onderzoeken zijn ook buiten de Verenigde Staten herhaald. Als je denkt dat wij Nederlanders kritischer staan tegenover autoriteit? In de jaren tachtig werd het onderzoek herhaald in Nederland, met dezelfde onderzoeksresultaten.

Volgen uit routine

De theoretici van de behavioral school menen dat de premisse van nutoptimalisering niet in de werkelijkheid voorkomt. Daarvoor in de plaats stellen zij het idee van de gebonden of beperkte rationaliteit waarin rekening wordt gehouden met de grenzen van de menselijke kennis en met de grenzen van het vermogen van beslissers om alternatieve keuzes te bedenken en de gevolgen van voorgestelde acties te berekenen.

Herbert Simon (in: Models of Bounded Rationality*)*

Gewillig meewerken met iemand die autoriteit uitstraalt is een vorm van automatisch volgen. Die gewilligheid kan dramatische gevolgen hebben. Op Tenerife. In het Sportpalast in Berlijn in 1943. In 1978 in Jonestown, Frans-Guyana, waar 900 mensen collectief zelfmoord pleegden toen dominee Jim Jones dat vroeg.

Maar meestal heeft onze gewilligheid minder drastische gevolgen. Je haalt het voorgeschreven recept van je huisarts bij de apotheek; je gelooft eerder degene in een vergadering die zijn of haar stem het laagst gebruikt; je loopt eerder door een rood stoplicht als iemand voor je oversteekt die een uniform of een kostuum draagt. Wij allemaal, zelfs wij Nederlanders, werken dagelijks gewillig mee met mensen die we als autoriteit ervaren.

Ook ons (ongemerkte) vertrouwen in het oordeel van een groep laat ons gewillig meewerken en instemmen. Denk maar eens aan de lange rijen voor de musea in de Museumnacht. Waarom gaan we niet gewoon op zondagmiddag naar het museum? Nee, 'iedereen' gaat naar de Museumnacht, en dus willen wij er ook bij zijn. Bestsellerlijsten van films en boeken hebben dezelfde uitwerking op ons. Al twintigduizend exemplaren verkocht? Dan zal het wel een goed boek zijn, dat moet ik ook lezen.

Maar we zijn toch ook in staat om bewust afwegingen te maken? Wanneer raken we dan overtuigd? Niet iedereen gaat in de rij staan bij de Drie Dwaze Dagen. We zijn niet altijd automatisch volgzaam, soms zijn we wel alert. Hoe zit dat dan? Ik besloot dit te onderzoeken en ontdekte een aantal verrassende principes die hebben geleid tot het Model van Invloed. Met dat model, dat in hoofdstuk 2 besproken wordt, kun je meer inzicht krijgen in de situaties waarin je beïnvloed wordt of juist zelf iemand beïnvloedt. Nu behandel ik eerst de principes van invloed en overtuigen, op basis van psychologisch en neurologisch onderzoek.

1.2 De principes van invloed & overtuigen

Van Aristoteles tot George Clooney

Al was het alleen al om mij te wapenen tegen de weekmakende invloed van mijn kind en, vooruit, omdat ik als trainer steeds meer vragen kreeg van mensen die wilden leren overtuigen, ben ik me gaan verdiepen in manieren van overtuigen en beïnvloeden. Ik ontdekte dat veel verschillende wetenschappelijke richtingen onderzoek doen naar elementen van invloed. Natuurlijk zijn dat de psychologie, sociologie, neurobiologie (ons gevoel wordt gestuurd door eiwitten, jawel), maar ook de neurofysica, psycholinguïstiek en sociolinguïstiek, de klassieke retorica – al jaren geleden wist Aristoteles wat mijn zoon zo'n tweeduizend jaar later zou gebruiken –, theaterwetenschap (wat heeft George Clooney dat ik niet heb?), economie en kwantumfysica.

Waar te beginnen? Er zijn bibliotheken vol geschreven over bijvoorbeeld de emoties en er zijn talloze onderzoeken gedaan naar onze hersenen en ons functioneren. Veel psychologieboeken beschrijven ons brein in functionele delen, zoals waarneming en analytisch vermogen. Maar zoals we eerder al zagen, er is niet een klier of een gebied in onze hersenen dat onze beïnvloeding regelt. Zoiets is er ook niet voor emotie, noch voor communicatie – aspecten die natuurlijk een grote rol spelen in beïnvloeden en overtuigen. Zoals je vast ooit gelezen hebt en anders zeker wel hebt gemerkt, spelen inhoud en logica maar een kleine rol in communicatie. Een veel aangehaald onderzoek in dit verband is dat van Albert Mehrabian naar het relatieve effect van verbale en non-verbale communicatie in spreken over gevoelens en houding (bijvoorbeeld aardig-onaardig vinden). In zijn experimenten vond hij dat iemands opinie over de ander voor 55 procent werd bepaald door hoe iemand eruitzag en zich gedroeg (non-verbaal visueel gedrag), 38 procent door de manier waarop iemand iets zei (de stem, non-verbaal auditief gedrag) en maar 7 procent door wát iemand zei (inhoud).

Ik bleef me afvragen waarom zo vaak niet het meest praktische plan gekozen wordt, hoe het komt dat wij impulsief bellen naar telefoonspelletjes en schoenen kopen in de uitverkoop, waar we later spijt van krijgen. En na het lezen van vele onderzoeken, die weer leidden tot nieuwe vragen en andere onderzoeken, kwam ik tot het antwoord: we zijn maar zeer beperkt toegerust voor logische beslissingen. We zijn eigenlijk volgzaam, tenzij we heel goed opletten.

De neurofysiologie van invloed

Wat je zult lezen is hoe wij informatie filteren en er onze eigen werkelijkheid van maken. Frappant is het effect van ons 'oudste', basale hersendeel op informatie, hoe onze motivatie en ons geheugen de informatie verwerken en hoe ons lijf reageert op al die informatie. Eerst iets over waarneming.

Waar is wat we kennen

Om invloed te kunnen hebben zul je eerst binnen moeten komen in de waarneming van de ander. Dit klinkt natuurlijk logisch en simpel, maar grappig genoeg is dat juist een uiterst complex proces. Wij nemen informatie uit de omgeving waar met onze zintuigen; ogen, oren, neus, mond en huid. Die informatie bereikt via onze sensorische neuronen en de zenuwbanen onze hersenen. Er komt veel meer binnen dan wij waarnemen. Naar schatting komen er per seconde zo'n 400 miljard bits aan informatie binnen, dat wil zeggen: onze zintuigen nemen dat waar. Maar onze hersenen zien maar een fractie daarvan. Wij zien bijvoorbeeld geen infrarood licht. Ook nemen wij geen elektromagnetische velden waar, zoals vogels die gebruiken voor hun navigatie. Ultrasoon geluid is te hoog voor ons om van invloed te zijn. Honden, dolfijnen en vleermuizen gebruiken dit geluid wel om positie en afstanden te schatten.

We maken een selectie omdat we die enorme hoeveelheid informatie gewoon niet allemaal kunnen verwerken. De hersenen maken die selectie door informatie te blokkeren; ze laten alleen door wat ze kennen. Wat uiteindelijk in ons bewustzijn binnenkomt, is maar 2000 bits per seconde. Je kent vast het fenomeen dat je in de auto rijdt en in gedachten verzonken bent en je je na een tijdje ineens realiseert waar je bent. Het is niet zo dat je in de tussentijd niets hebt waargenomen: je ogen hebben van alles gezien, maar je hebt het niet bewust waargenomen. Hoe gaat dat in zijn werk? Onze hersenen maken een analyse van alles wat binnenkomt. Ze stellen een beeld samen uit de informatie vanuit de zintuigen, gecombineerd met de informatie uit ons geheugen, opgeslagen in de neurale netwerken in onze hersenen. We vergelijken wat we zien met dat wat we al kennen. Zoals in de Ryam Agenda van 1978 stond: 'Dit moet een dennenbos zijn, want zo ruikt mijn shampoo'. Wat niet bekend is, zien de hersenen niet of wordt waargenomen als iets dat je wel kent. Zoals je in de twee koplampen van een auto twee ogen kunt zien en een kind van drie jaar in alle vierpotigen een hond of poes ziet. Een beroemd voorbeeld is het verhaal van de native Amerikanen, de indianen, die de schepen van Columbus niet zagen aankomen. Ze kenden ze niet en zagen ze niet. Zoals eskimo's meer schakeringen wit zien dan wij, door jaren kijken naar ijs, en mannen over het algemeen meer zien gebeuren tijdens een voetbalwedstrijd dan ik.

SITUATIE
(aanbod 400 miljard bits/seconde)
Zintuigen
↓
WAARNEMING
Sensorische neuronen
↓
HERKENNING & EMOTIE/ONBEWUST
(2000 bits/seconde)
Volgen
↓
AANDACHT/BEWUST
Denken

Figuur 1.1

Wij zijn sterk geneigd te geloven wat we waarnemen. Interessant is de vraag wat nou echt waar is. De hersenen maken namelijk geen onderscheid tussen wat we zien en wat we ons voorstellen; tussen wat we horen en wat we ons indenken te horen. Als je iemand naar een hond laat kijken en hem of haar daarna vraagt te denken aan die hond, vertonen de hersenen dezelfde activiteit. Of je een liedje echt hoort of alleen maar in je hoofd hebt: dezelfde hersendelen zijn aan het werk.

Een bijzondere plek nemen 'subliminale waarneming' en 'priming' in. Met 'subliminaal' wordt de waarneming bedoeld waarvan wij ons niet bewust zijn. Het gaat om auditieve en visuele stimuli die heel snel of verborgen worden aangeboden. James Vicary was een marketingonderzoeker die in 1957 beweerde dat mensen in de bioscoop meer cola en popcorn kochten als ze daar heel korte beelden van te zien kregen. Hoewel het effect nooit ondubbelzinnig is aangetoond, wordt het toegepast en is het in Nederland bijvoorbeeld verboden. Beroemd is het gebruik ervan door George W. Bush tijdens de verkiezingscampagne van 2000. In een van zijn commercials liet hij na de naam Al Gore heel snel het woord 'rats' zien om een negatieve associatie op te roepen. Subliminaal waarnemen wordt nog steeds onderzocht, zoals in een experiment van Johan Karremans aan de Universiteit van Nijmegen in 2005. In dat experiment werd eerder Lipton Ice dan Spa rood als dorstlesser gekozen door de mensen die tijdens een onderzoek de letters van Lipton Ice hadden gezien.

Met 'priming' wordt het onbewuste effect dat taal op ons heeft bedoeld. Onderzoek van James Debargh liet zien dat onze stemming en onze keuzes beïnvloed worden door de taal die we horen of lezen. Zo kunnen we onszelf moe maken door te zeggen hoe moe we zijn; maar ook kun je mensen overtuigen door met argumenten in rijtjes van drie te komen. Later in het boek zal ik nog wat voorbeelden van priming noemen.

Denken gaat via je prefrontale cortex

Onze hersenen bestaan uit cellen die neuronen worden genoemd, en we hebben er ongeveer 100 miljard van. De neuronen geven informatie aan elkaar door en bepalen op die manier wat het lijf doet en wat we voelen. Sensorische informatie komt vanaf de zintuigen door de sensorische zenuwbanen binnen in onze hersenen. De informatie komt terecht in hogere hersendelen, onze grote hersenen, en in meer basale hersendelen. Figuur 1.2 laat de functie bij informatieverwerking zien van de verschillende gebieden op de cerebrale cortex, de buitenstructuur of 'schors' van onze grote hersenen.

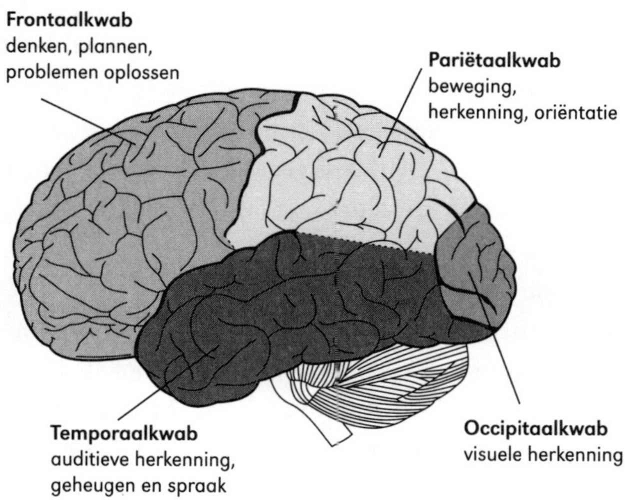

Figuur 1.2 De cortex en functies

Denken, plannen en problemen oplossen doen we vooral met de prefrontale cortex, het hersengebied direct achter ons voorhoofd. Met name het frontale gebied is dus belangrijk voor logica en het afwegen van argumenten.

Met de prefrontale cortex kunnen we informatie opslaan, vergelijken en onthouden: cognitief leren. Hoe en wat we leren en onthouden is voor iedereen verschillend. Wij kiezen alle informatie om ons heen, dat wat ons bekend is en belangrijk is voor ons. Door filteren, het schiften van informatie, kunnen we ons eigen denkende, bewuste geheugen vullen. Naarmate we ons langer verdiepen, slaan we meer herinneringen op en kunnen we daarbinnen meer onderscheiden. Een wijnkenner heeft meer kennis opgeslagen over wijnen en hun smaak en origine dan iemand die net begint met wijn drinken. Zoals Jos Wassink het omschrijft: 'De een vindt zijn weg door de stad aan de hand van gebouwen en parken, een ander via snackbars of modezaken. Filteren van informatie is de sleutel tot onthouden en vergeten'. Denken en cognitief leren doet iedereen voor zichzelf, maar wel altijd met de prefrontale cortex.

Invloed gaat via je limbisch systeem

Voor invloed is het belangrijk om te weten dat informatie niet alleen in ons denkende brein binnenkomt, maar ook in de dieper gelegen hersenen via de thalamus, de grote centrale informatiebank, naar het limbisch systeem. Twee structuren in het limbisch systeem zijn van bijzondere betekenis voor informatieverwerking. Het gaat om de amygdala en de hippocampus. Hoe werkt dat?

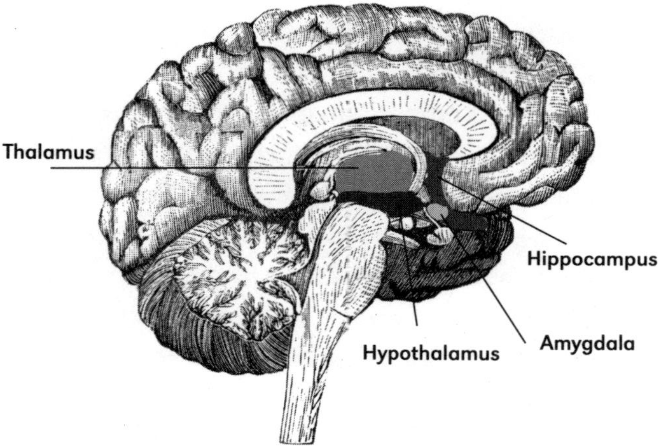

Figuur 1.3 De cortex en het limbisch systeem

Denken stopt bij verzet

De amygdala, ook wel de 'amandelkernen', is ons centrum voor motivatie en behoeften. Je zou het kunnen beschouwen als ons emotionele geheugen. Al vanaf onze geboorte slaan wij er emotionele herinneringen in op. Het gaat met name om vervelende, angstgerelateerde emoties. De amygdala speelt ook een grote rol in motivatie, in onze doelgerichtheid en betrokkenheid. Patiënten met letsel aan de amygdala hebben motivatiestoornissen: ze ervaren alles als even belangrijk en worden apathisch of gaan juist zonder onderscheid dingen uitproberen op zoek naar lustbevrediging.

Als informatie binnenkomt, scant de amygdala of deze lijkt op een situatie uit het verleden. Als dat zo is, ervaren wij de emotie van toen. Hoe gaat dat in zijn werk? De amygdala is nauw verbonden met de hypothalamus, ook onderdeel van het limbisch systeem. In de hypothalamus worden eiwitten aangemaakt, zoals endorfine. Wat wij emotioneel beleven is eigenlijk een fysieke beleving. Candace Pert heeft ontdekt dat op de wand van al (!) onze lichaamscellen receptoren zitten waar deze eiwitten op passen. Als wij kijken naar iets dat we belangrijk vinden, zorgen de eiwitten ervoor dat we de emotie razendsnel, via die chemische route, in ons lichaam waarnemen. Elke emotie heeft een specifieke chemische eiwitreceptorcombinatie. De emotie laat specifieke eiwitten vrijkomen die het lichaam overspoelen en het bewustzijn veranderen. Er is dus een directe koppeling tussen dat wat we waarnemen en de eiwitten die zijn afgegeven en door ons lijf stromen. Er zijn wetenschappers die nog verder gaan en zeggen dat wij gehecht kunnen raken aan bepaalde gevoelens omdat de chemische routes daarvan zo vaak gebruikt worden. Een van hen is Joe Dispenza, biochemicus. Emoties kunnen een onweerstaanbaar fysiek effect hebben. Hij verwoordt het aldus: 'Emoties zijn lichamelijke verslavingen: als je ze niet onder controle hebt, ben je er kennelijk verslaafd aan'.

Emotie is dus een fysieke ervaring. Hoe wij omgaan met een situatie en ons erbij voelen wordt voor een belangrijk deel bepaald door de reactie van de amygdala. De amygdala en de cortex zijn sterk met elkaar verbonden, maar de amygdala heeft een grotere invloed op de cortex dan andersom. Emotionele 'arousal' bepaalt dus hoe goed we kunnen denken.

Als wij iets waarnemen dat een vervelende herinnering oproept, slaat de amygdala alarm (zie figuur 1.4). Deze staat in directe verbinding met netwerken die ons autonome gedrag sturen – zoals bevriezen, vechten, vluchten en mimische expressie – en met het autonome zenuwstelsel. Dat regelt fysieke verschijnselen als het samenknijpen van maag en darm, verhoogde hartslag, bloeddruk en transpiratie. Ook komen via een kettingreactie stresshormonen vrij in ons bloed. Stresshormonen maken ons lijf klaar om te kunnen vluchten of vechten: we krijgen een versnelde hartslag en onze zintuigen nemen verscherpt waar. Maar ook gaat het bloed nu naar lichaamsdelen die we gebruiken in nood, bloed dat normaal naar de hogere cognitieve centra gaat, zoals de prefrontale cortex. Daniel Goleman noemt dit de 'amygdala-kaping', de kaping van ons brein door de amandelkern. Allemaal heel functioneel als je moet vluchten voor een leeuw, maar heel vervelend om helder te denken.

WAARNEMING

↓

ZINTUIGEN

NETVLIES & TRILHAAR IN OOR

↓

SENSORISCHE NEURONALE INFORMATIE

THALAMUS

↓

SCAN **(LIMBISCH SYSTEEM)**

MOTIVATIE **AMYGDALA**

↓

VERVELENDE HERINNERING/

VERWACHTING (BEHOEFTEN & OVERTUIGINGEN) DOORKRUIST

↓

ALARMERING **HYPOTHALAMUS**

↓

AFGIFTE **STRESSHORMONEN**

↓

ALARMERING & 'KAPING'

PREFRONTALE CORTEX UIT

↓

REACTIE

VECHTEN-VLUCHTEN-BEVRIEZEN

↓

STRESS

Figuur 1.4 Van waarneming naar stress

Een mooi voorbeeld van een amygdala-kaping is de tijdelijke verstandsverbijstering van Mike Tyson in zijn gevecht met Evander Holyfield op 28 juni 1997. Eerder door Holyfield verslagen met een knock-out, baalt Tyson enorm dat hij in dit gevecht weer gedomineerd wordt. Hij klaagt na twee ronden over de kopstoten van Holyfield en als hij geen bijval krijgt van de referee, slaat hij door en bijt een stuk uit het oor van Holyfield. Tyson wordt een jaar gediskwalificeerd en krijgt een boete van 3 miljoen dollar.

En wij zijn niet veel wijzer. Een situatie die bij ons een irrationele vechtreactie oproept, is angst voor schaarste. We willen iets liever hebben als we het niet mogen hebben. De verboden vrucht lijkt lekkerder. Zoals het gras van de buren groener is en de rij naast je in de supermarkt altijd sneller lijkt te gaan. Dit is niets anders dan de vecht-, vlucht- of bevriesreactie. In dit geval wordt die opgeroepen omdat we bang zijn dat we iets niet meer kunnen krijgen of kunnen verliezen. Denk aan hoezeer de man of vrouw die je niet kunt krijgen extra aantrekkelijk lijkt. Ik zelf heb ooit 60.000 euro boven op de verkoopprijs geboden aan de kopers die vlak voor mijn neus 'mijn droomhuis' hadden gekocht. De reactie die je vertoont heeft eigenlijk niet zozeer te maken met de situatie op dat moment, maar met de herinnering van je hersenen en je behoeften en je overtuigingen op basis van je kennis en eerdere ervaringen. Het kan zijn dat iemand binnenkomt, zelfs iemand die je niet eens kent, en dat je je onprettig gaat voelen. Of dat een groep collega's verwachtingsvol naar je kijkt als jij je punt gaat maken in de vergadering en dat je dichtklapt.

Er is wel hoop. De informatie komt ook via een omweg, de cortex, binnen. We kunnen dan onze reactie enigszins bijstellen.

Denken gaat sneller door ontspanning

Maar wij denken toch weleens? Natuurlijk: als iets belangrijk is voor ons. Maar dan mag er geen stress ontstaan. En nu wordt het echt leuk. Er gebeurt namelijk iets specifieks als we ontspannen zijn.

Naast de amygdala is in ons limbisch systeem nog een andere structuur actief: de hippocampus. In de hippocampus zijn onze expliciete herinneringen opgeslagen, zoals in de amygdala onze emotionele. De hippocampus scant een situatie op alles wat we weten en vinden van een situatie. Als een situatie ons bekend voorkomt, zal dit ons ontspannen. En hoe prettiger de herinnering is, hoe beter. Als wij iets meemaken dat ons doet denken aan iets fijns, wordt het hypofyse-bijniersysteem geactiveerd. Dit systeem maakt neuropeptiden (eiwitten) vrij die wij associëren met prettige emoties, zoals endorfine en adrenaline. Onze hersenen, waaronder onze prefrontale cortex, krijgen letterlijk een adrenalinestoot. Adrenaline laat de hersenen alerter werken en langer alert blijven.

Dus wat gebeurt er? Ontspanning versnelt ons denken. En wat betekent dit alles hierboven? Hoewel we onszelf graag zien als weldenkend en helder analyserend, als de Mr Spock (uit *Star Trek*) van ons eigen leven, is de werkelijkheid een stuk minder stoer. In situaties die onze hersenen doen denken aan iets vervelends van vroeger, zijn we maar beperkt in staat tot redelijkheid. Zonder dat we zelf willen, kwijlen we als de getrainde, geconditioneerde hond van Ivan Pavlov.

Op basis van deze neurofysiologische literatuur kwam ik tot vier standaardmanieren om op invloed (van onze omgeving of van anderen om ons heen) te reageren.

WAARNEMING

↓

ZINTUIGEN

↓

SENSORISCHE NEURONALE INFORMATIE

THALAMUS

↓

SCAN

(LIMBISCH SYSTEEM)

EXPLICIET GEHEUGEN **HIPPOCAMPUS**

↓

PRETTIGE HERINNERING/

ALLES LOOPT NAAR VERWACHTING

↓

ONTSPANNING

HYPOFYSE-BIJNIER

↓

AFGIFTE **EIWITTEN/GELUKSHORMONEN**

↓

STIMULERING

ADRENALINE NAAR CORTEX

↓

REACTIE

ENERGIEK-ALERT

↓

DENKEN

Figuur 1.5 Van waarneming naar alert denken

De vier principes van invloed

Principe 1: Standaard zullen we volgen

We zijn dat wat we bij herhaling doen.
Aristoteles

Onze standaardmanier van doen is onze automatische piloot. Ruim 90 procent van onze tijd verrichten we routinematige handelingen en nemen we routinematig beslissingen. Onze 'default'-stand.

We nemen op een dag een oneindige reeks beslissingen. Waar zijn je handen nu? Hoe lang kijk je naar deze zin? Hoe liggen je benen? Hoe zit je op je stoel? Wanneer ben je het laatst gaan verzitten? Op welke stoel zit je? Welke onderbroek heb je vandaag gekozen? Hoe lang stond je onder de douche? Zong je? Welk lied? Welk stukje van het lied? Hoe hoog? Hoeveel zeep kneep je op je hand? Er is een doorlopende vraag om keuzes en het ontbreekt ons simpelweg aan tijd en capaciteit om bij alles stil te staan en een rationele afweging te maken.

Zolang we ontspannen zijn, beslissen we van alles automatisch maar zijn we ook *in hoge mate te overtuigen* en knikken we welwillend ja. Hoe beïnvloedbaar we zijn vanuit routine, is volop onderzocht en beschreven. Het gaat meestal goed en je volgzaamheid heeft geen nadelige of gevaarlijke consequenties. Hoogleraar sociale psychologie Ap Dijksterhuis heeft in *Het slimme onbewuste* laten zien dat het vaak heel goed is om op je automatische piloot te koersen. Maar het kan ook vervelend uitpakken. Denk aan gedachteloos jaknikken in een vergadering wat je later opbreekt. Of de impulsaankopen waar je later spijt van had. En denk aan de stuitende voorbeelden van het autoriteitsonderzoek van Milgram en de ramp op Tenerife.

Er zijn stimuli die bij ons volgzaam gedrag oproepen. Situaties waarop je reageert zonder er bewust bij na te denken. Een daarvan is schoonheid. Als wij iemand zien die we mooi vinden of lekker vinden ruiken, denken we dat die persoon aardig en capabel is, en ontspannen we. Ook psycholoog Robert Cialdini heeft in zijn boek *Invloed* situaties beschreven waarin wij reageren met automatisch, onbewust gedrag. Vijf situaties die bij ons volgzaamheid en coöperatief gedrag kunnen oproepen zijn: 1. wij ervaren iemand als autoriteit of 2. als vriend, 3. we ervaren groepsdruk ('sociale bewijslast'), 4. we willen onze uitspraken verdedigen of beloftes nakomen ('consistentie') en 5. we willen iets terugdoen voor iemand die ons iets heeft gegeven of die we hebben teleurgesteld ('wederkerigheid'). De zesde situatie die Cialdini noemt is schaarste, waarop wij ook onbewust reageren, maar dan met vechtgedrag (zie Principe 3). Van nummers 1, 3 en 5 heb ik in de inleiding al voorbeelden gegeven.

Een andere situatie die ons kan aanzetten tot volgend gedrag, is een vraag om vergeving, de mogelijkheid en daarmee de macht die ons gegeven wordt om genade te bieden. Al in het klassieke Rome werd daar rekening mee gehouden. We willen ons graag een weldoener voelen en daarom publiekelijk graag goed doen, iemand helpen of vergeven.

Principe 2: We haken af als we niet krijgen wat we willen

Ik heb nooit begrepen hoe vrouwen het voor elkaar krijgen geen direct antwoord op welke vraag dan ook te geven.
Mr Spock, *Star Trek*

We stoppen met onze volgzaamheid als we het niets vinden, we de zaak of de ander wantrouwen en verzet voelen. Dat gebeurt als iemand zich anders gedraagt dan we verwachten, dan we normaal vinden, of als de situatie niet voldoet aan onze verwachtingen, behoeften of onderliggende overtuigingen. Behoeftes kunnen zijn: erkenning (ik doe ertoe), resultaat scoren (het doel moet gehaald), contact (harmonie) en zekerheid (alles klopt). Het kan ook zijn dat de ander iets doet of zegt dat indruist tegen je overtuigingen. Als je niet krijgt wat je verwacht of nodig hebt, verdwijnt je ontspanning en ook je routine. Je vertrouwt de ander of jezelf niet meer en blokkeert contact. Je sluit de ander buiten. *Je bent beïnvloedbaar, maar overtuigen kan de ander je niet meer.*

Een paar situaties en mogelijke reacties afhankelijk van je behoeften: als je televisie aanstaat en *Jackass* begint, zap je misschien weg. Behoefte: ik wil graag mijn ossobucco eten. Overtuiging: eten doe je het best ongestoord, of: Johnny Knoxville doet zo grof en ranzig dat ik moet kokhalzen. Of je ziet op straat iemand met wie je ruzie hebt gehad; je kijkt langs hem heen. Behoefte: ik wil rust, of: ik wil gelijk hebben over die ruzie. Overtuiging: hij heeft mij toen gekwetst en hij moet de eerste stap zetten. Of je ziet een leuke vent in de kroeg, die jou negeert en jij hem nog meer. Behoefte: ik wil aandacht. Overtuiging: ik ben niet de moeite waard, of: een leuke man doet afstandelijk.

Principe 3: We denken pas als we betrokken zijn (... en sneller als we ontspannen zijn!)

Zo'n acteur die een mooi meisje kan kussen en tegelijk veilig zijn auto kan besturen, geeft die kus gewoon niet de aandacht die ze verdient.
Albert Einstein

We stappen ook uit de routine als iets belangrijk genoeg is voor ons. De moeite waard om ons over te buigen. Misschien ken je deze ervaring: je wilt nieuwe schoenen kopen en ineens let je veel meer op andermans schoenen. Of je bent zwanger en ineens lijkt iedereen in verwachting. Philip Kotler heeft die verhoogde aandacht 'betrokkenheid' genoemd.

Betrokkenheid kan er zijn bij een bepaald onderwerp. Denk aan de Inuit (eskimo) die meer witschakeringen waarneemt dan wij. Zijn waarneming is zo scherp omdat het van levensbelang is om verschillen in ijs en ijscondities waar te nemen. Mijn hoge betrokkenheid bij auto's zorgt ervoor dat ik altijd omkijk naar mooie auto's en dat ik naar mijn smaak nu al 2 jaar, 3 maanden en 5 dagen te lang in een auto rijd die geen Alfa Romeo is. Er zijn ook mensen die laagbetrokken zijn bij auto's. Mijn vrienden A. en T. vonden en kochten in 20 minuten hun laatste exemplaar. 'De fiets van T. past erin', 'we kregen een goede deal' en 'hij rijdt' waren voldoende argumenten. Zij, aan de andere kant, zijn weer hoogbetrokken bij hagelslag. Waar ik gedachteloos en routinematig ieder merk of huismerk in de kar zet, lezen zij zorgvuldig het etiket en weten zeker dat in hun hagelslag minimaal 70 procent cacao zit.

Betrokkenheid kan ook tijdelijk zijn. Tijdelijk verhoogde betrokkenheid heet ook wel 'het derde oog'; ik noemde al het voorbeeld van zwangerschap. Omgekeerd werkt het ook: lage betrokkenheid leidt tot minder en minder scherpe waarneming. Vind je wielrennen niet interessant, dan zie je in een tourjournaal vooral veel fietsende mannen op een kluitje en zie je niet de mooie demarrages en het psychologische spel.

Dit betekent natuurlijk ook dat waarneming afhangt van degene die kijkt. Waarneming is subjectief en persoonsgebonden. Denk aan getuigenverklaringen van een en dezelfde inbraak, of de reactie van vrienden die net samen naar de film waren. Een verjaardagsvisite van je schoonfamilie kan voor jou langer duren dan voor je partner; je kind wil maar niet genieten van Fleetwood Mac en ABBA; en ook George W. Bush heeft fans. Zoals Oscar Wilde al zei: de kijker bepaalt wat mooi is. Waarneming, en dus ook invloed, hangt af van degene die kijkt. Iedereen kijkt naar zijn eigen film, zijn eigen gefilterde werkelijkheid.

Principe 4: Denken stopt bij stress

Het is niet de grote verloren liefde
die ons doet belanden in het gekkenhuis,
het is de veter die breekt als je haast hebt.
Charles Bukowski

De prefrontale cortex gebruiken we voor denken en rationele afwegingen. Als we gestrest raken, schakelt de prefrontale cortex uit en neemt de amygdala het over. Zoals Michael Corleone in *The Godfather* zegt: 'My brother had a temper. That blurred his thinking'. Nu je over neurofysiologie en de principes hebt gelezen, weet je dat denken eigenlijk maar beperkt voorkomt. Zoals je las bij Principe 3, komt maar een klein deel van alles wat om ons heen is, ook daadwerkelijk binnen in ons brein. En dan begint het pas.

De informatie die in onze hersenen en uiteindelijk in onze waarneming binnenkomt, legt ook een lange weg af door ons lijf. Wij beleven situaties daarom zowel denkend als fysiek. De lichamelijke roes noemen we emoties. Een situatie die wij nu beleven, kan door onze hersenen herkend worden. Dit levert een chemische reactie op, waardoor we de situatie van destijds opnieuw beleven. Vervelende situaties kunnen letterlijk ons denken verlammen doordat onze prefrontale cortex wordt uitgeschakeld.

Als je iemand wilt overtuigen, is het goed te weten of jij of je gedrag bij de ander mogelijk werkt als een rode lap, zodat de ander zich zal verzetten. Als jij bij de ander een onprettige reactie oproept, is deze niet ontvankelijk voor een inhoudelijk betoog en zal niet voor rede vatbaar zijn. Is iemand ook nog hoogbetrokken, dan zal de reactie primair zijn: vluchten, vechten of bevriezen.

Wat betekenen de principes voor beïnvloeden & overtuigen?

Invloed hangt af van onze waarneming. Wat wij niet snappen, nemen wij niet waar. Wat wij niet waarnemen, zal ons niet beïnvloeden. Wat niet belangrijk is voor ons, ontsnapt aan onze aandacht. Als je iemand wilt beïnvloeden, zul je dus moeten zorgen dat de ander betrokken is en dat de ander je begrijpt.

Iedere kijker kan anders beïnvloed raken door eenzelfde situatie. Overtuigen kan plaatsvinden doordat je de ander kunt laten volgen (Principe 1), of doordat je de ander laat denken en de inhoud van je argumenten laat afwegen (Principe 3). Denken vereist dus betrokkenheid, maar ook afwezigheid van verzet – sterker nog, denken gaat een stuk sneller en alerter als we ontspannen zijn. Wil je iemand overtuigen, dan moet die ander eerst ontspannen zijn.

Betrokkenheid haalt ons uit de routine en zet ons aan tot denken. Uit de neurofysiologie wisten we al dat ontspanning adrenaline vrijmaakt, waardoor ons denken versnelt. Dat betekent: om iemand te kunnen beïnvloeden is het goed om te bedenken hoe belangrijk het onderwerp voor de ander is en waar je de ander mee ontspant, zodat hij of zij jou vertrouwt.

Hoofdstuk 2
Het Model van Invloed

De principes uit hoofdstuk 1 leiden tot een Model van Invloed. De invloed die je hebt, hangt af van het gevoel dat je oproept (ontspanning of verzet) en de mate van betrokkenheid (hoog of laag). De invloed die je hebt, vertaalt zich in de reactie van de ander: in positieve zin volgen of meedenken of in negatieve zin juist afhaken of vechten.

2.1 Het Model van Invloed

In dit hoofdstuk lees je over het Model van Invloed: welke invloed iemand of een bepaalde situatie heeft en wat het effect hiervan is op ons gedrag.

Wij beleven de werkelijkheid zoals we de werkelijkheid waarnemen. Die waarneming hangt af van wat we weten en wat we vinden en, daarvan afgeleid, dus ook van wat we verwachten en waar we behoefte aan hebben. Als je zeker weet dat Duitsers fout zijn, verwacht je strijd en zul je extra behoefte voelen om van hen te winnen met voetbal. Als je zeker weet dat de wereld plat is, verwacht je eraf te vallen en zul je je zorgen maken over de juiste route als je een eind gaat varen. Als je jezelf niet de moeite waard vindt, verwacht je dat je veel fouten zult maken en zul je veel behoefte hebben aan bevestiging door anderen.

Invloed werkt in ons lijf en ons brein. Is de werkelijkheid volgens jouw behoeften, dan zul je je ontspannen. Laten we dat een 'witte lap' noemen. Waarschijnlijk vind je het gedrag van je vrienden in de regel prettig. Je kunt je ontspannen en alles lijkt vanzelf te gaan. En soms doen ze iets waar je van baalt, iets dat indruist tegen je verwachtingen, behoeften of overtuigingen, dan zul je verzet voelen. Dan is hun gedrag een 'rode lap'. Er zijn vast ook situaties die voor jou eigenlijk in de regel een rode lap zijn.

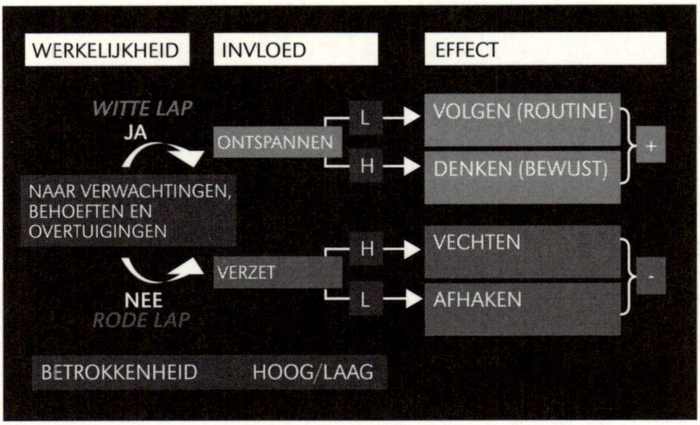

Figuur 2.1 Proces van Invloed©. Afhankelijk van onze behoeften en betrokkenheid beoordelen wij de werkelijkheid om ons heen en heeft deze invloed op ons.

Het model beschrijft vier mogelijke reacties op invloed van buitenaf, vier 'standen' of soorten gedrag: volgen (onbewust), denken (bewust), vechten en afhaken. Schematisch is invloed te vatten in het Model van Invloed zoals weergegeven in figuur 2.2.

Figuur 2.2 Het Model van Invloed

1. Volgen (onbewust)

(laagbetrokken-ontspannen)

Standaard, zo'n 90 procent van onze tijd, vertonen we routinematig gedrag. We maken de hele dag door eindeloos veel keuzes zonder bewuste afweging, op routine. Zoals de keuze van de stoel waar je net op bent gaan zitten, hoe je zit, waar je linkerbeen is, hoe lang je kijkt naar deze zin. Het ontbreekt ons aan tijd om bij alles stil te staan. In routine zijn we volgzaam.

Het is eenvoudig om ons in deze 'stand' te beïnvloeden en te appelleren aan deze automatische volgzaamheid. *Vrienden, autoriteiten of voorbeelden vertrouwen we en kunnen ons overtuigen omdat ze ons ontspannen.* 'Als zij dat zegt, zal dat wel kloppen...' Als we overtuigd raken in deze stand, denken we niet na en wegen niet af, maar we stemmen in.

2. Denken (bewust)

(hoogbetrokken-ontspannen)
Anderen een bewuste afweging laten maken vraagt om een andere modus. Een ander van mening laten veranderen is extra lastig omdat dat gezichtverlies betekent voor de persoon in kwestie (die immers graag consistent wil zijn). Dus: denken gebeurt maar beperkt en kan alleen als we ontspannen zijn en hoogbetrokken. Als wij een prettige herinnering hebben, stuurt het limbisch systeem adrenaline door ons lijf. Als dit onze prefrontale cortex bereikt (daar waar we redeneren en plannen), blijkt die langer en actiever te kunnen werken. We denken gewoon extra goed na. *Dit is de enige 'stand' waarin we een gesprek met iemand kunnen voeren, waarin we ons volledig kunnen richten op de inhoud. Als we overtuigd raken in deze stand, is dat door afwegen, (mee te) denken.*

Wat is dan *het verschil tussen volgen en denken*? In beide situaties ben je ontspannen en vertrouw je de ander. Een voorbeeld: stel dat je oorpijn hebt en je huisarts schrijft bepaalde druppels voor. Het zou maar zo kunnen dat je naar de apotheek gaat en zonder nadenken de druppels haalt (dit is 1. volgzaam en routinematig gedrag). Je vertrouwt je arts als autoriteit, mogelijk ook als vriend of als voorbeeld, en je volgt zijn of haar advies zonder meer. Maar als je het belangrijk genoeg vindt (als je hoogbetrokken bent), kun je er ook bewust over nadenken. Je kunt een second opinion vragen, je zus bellen die huisarts is, of googelen op 'oordruppels'.

3. Vechten

(hoogbetrokken-verzet)
Gedrag in de vorm van vechten, vluchten of bevriezen ontstaat als de situatie of de beïnvloeder iets voorstelt of beweert dat tegen onze verwachtingen of behoeften ingaat en niet klopt met onze overtuigingen. Zijn we dan ook nog hoogbetrokken bij het onderwerp, dan zullen we ons verzetten. Neurologisch gesproken gaat er dan een heel ander circuit in werking. Een deel van het limbisch systeem slaat alarm (bijvoorbeeld: een tak in het bos kan lijken op een slang en je deinst al achteruit zonder dat je hebt nagedacht) en blokkeert de bloedtoevoer naar de prefrontale cortex. *Denken is tijdelijk onmogelijk en hoe meer betrokken, hoe minder denken. Overtuigen is hier natuurlijk niet aan de orde.* Vechten kan eruitzien als fel reageren, dreinen, weglopen, boos kijken of klinken, hysterie of juist verzuren of verstrakken.

4. Afhaken

(laagbetrokken-verzet)
Ook tegenwerkend gedrag, maar dan in een andere vorm, is afhaken of wegzappen. We vinden het niets, maar zijn te weinig betrokken om er energie aan te verspillen. We verzetten ons niet actief, maar zullen 'afhaken'. 'Ach ja, gewoon laten

praten…' *In deze stand komt niet binnen wat de ander zegt en zul je niet kunnen overtuigen.* Stel je een vergadering voor waarin mensen wat afwezig hun mail bekijken of zitten te spelen met hun Blackberry. Afhaken kan er heel professioneel en zelfs ook geïnteresseerd uitzien: 'Gewoon gelijk geven en knikken, dan is de vergadering zo voorbij.'

Een voorbeeld ter verduidelijking. Bill Clinton heeft een affaire met Monica Lewinsky. Wat is de mogelijke invloed daarvan op verschillende mensen? Afhankelijk van hun overtuigingen en behoeften zal de reactie verschillend uitpakken, zoals in figuur 2.3 te zien is. Sommigen, zoals veel mensen in Rusland, gingen ontspannen met de affaire om en waren eigenlijk wel onder de indruk: Die Clinton is tenminste een echte Vent! Veel Nederlanders haakten af, en haalden hun schouders op: Waar gaat het nou helemaal over? Clintons voor- en tegenstanders besteedden heel veel tijd aan de affaire; zijn spin doctors analyseerden alle aspecten ervan en gingen bedenken wat hij zou moeten doen. De tegenstanders gingen vechten: hij moet aftreden!

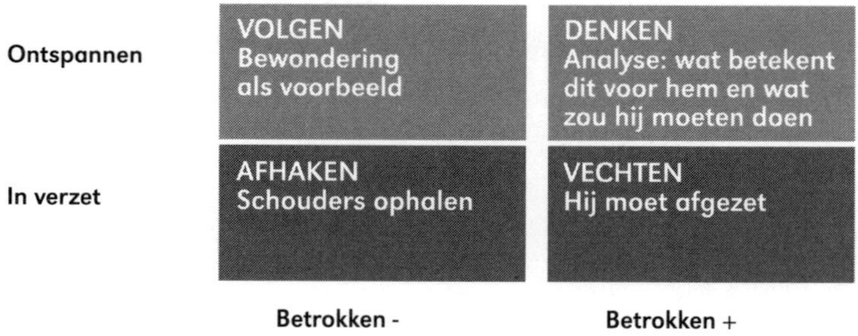

Figuur 2.3 Het Model van Invloed ingevuld voor de Clinton-Lewinsky-affaire

Nu je het Model kent, weet je dus dat:

- overtuigen alleen kan als iemand ontspannen is;
- overtuigen kan door volgen of door denken (inhoudelijke afweging);
- denken alleen kan als iemand ontspannen is en betrokken;
- bij betrokkenheid gemakkelijk een vechtreactie kan ontstaan en dat je moet blijven zorgen voor ontspanning.

In de bijlage op pagina 180 vind je een invulmodel dat je zelf gebruiken kunt.

2.2 Waarom lukt het soms wel en soms niet?

Waarom lukt het soms wel en soms niet om anderen te overtuigen?

Iedereen kan overtuigen. Een baby van twee maanden kan zijn ouders al een nacht wakker houden. Vanaf je vroege jeugd ontdek je strategieën die werken. Je vraagt om een snoepje en afhankelijk van de sleutels bij je ouders en daarna je vrienden vul je je repertoire (voorkeursgedrag) in. Je doet ervaringen op die je hersenen opslaan (de kachel is heet, wiskundeleraren zijn streng), en eigent je overtuigingen toe over hoe de wereld in elkaar zit, wat normaal is en hoe je je het best gedraagt, hoe mensen zouden moeten doen.

Om te overtuigen is minimaal één ander nodig: degene die bepaalt of je overtuigend bent. Het perspectief van de ander, degene die bepaalt of je overtuigend bent, blijkt een centraal gegeven. Het kan zijn dat jouw specifieke gedrag niet aansluit bij de behoefte van iemand anders. We zijn allen verschillend en hebben onze overtuigingen en behoeften.

Maar er zijn ook universele behoeften en overtuigingen. Als je die kent en de rituelen – het gedrag dat daarbij hoort – beheerst, kun je voor velen overtuigend zijn. Er zijn mensen die dat gedrag vertonen, gedrag dat aansluit op bijna ieders overtuigingen en behoeften. Dat zal per cultuur natuurlijk sterk verschillen.

Mensen die doen alsof ze thuis zijn, die ontspannen, congruent, autonoom en geïnteresseerd zijn, worden in de westerse maatschappij als charismatisch en overtuigend ervaren. Bill Clinton, Hans van Mierlo, Hanneke Groenteman, Christiane Amanpour, Barack Obama en Floortje Dessing... Waarom? Als je ontspannen bent en geïnteresseerd, ontspan je anderen. (Tenzij je indruist tegen de overtuigingen van de ander. Veel mensen vinden Bill Clinton overtuigend, maar een republikein zal zich waarschijnlijk bij voorbaat al verzetten tegen alles wat hij zegt.) Bij de principes in paragraaf 1.2 heb je kunnen lezen hoe dit werkt.

Wat is voor de meesten van ons overtuigend gedrag? Als je ontspannen bent, zoals thuis aan de keukentafel, ben je *congruent* oftewel, je presenteert je naar buiten precies zoals je ook werkelijk bent. Je hebt niets te verliezen als je je verdiept in een ander; je kunt je veroorloven nieuwsgierig te zijn en autonoom.

En wanneer lukt overtuigen dan niet? Soms is je enorme potentieel aan overtuigingsstrategieën niet genoeg. Waarom niet:

- Als je in een situatie komt die onprettig is, verlies je juist datgene wat je overtuigend maakt. Je haakt af of je gaat meer je best doen. Je verliest je flair, je gevoel voor humor, je nieuwsgierigheid en je kracht.

- Je kunt iemand niet overtuigen als die afhaakt of gaat vechten, vluchten of verstarren. Dit zal gebeuren als de ander je niet snapt of als dat wat je doet of zegt indruist tegen de overtuigingen (en daarmee de behoeften) van de ander. Wat je doet of zegt is niet genoeg, je 'drukt niet op de juiste knoppen'.

En wat doe je dan als het je niet lukt? In deel 2 staat hoe je kunt onderzoeken wat de ander (extra) van je nodig heeft om overtuigd te raken: ontspanning en vertrouwen in jou, of betrokkenheid bij jou of het onderwerp. Vanuit deel 2 verwijs ik je rechtstreeks door naar de meest doeltreffende acties. Die lees je in deel 3 en 4.

Deel 2
De twee stappen van overtuigen

Uiteindelijk moet het ultieme gezag
altijd liggen bij de rede en de kritische analyse van het individu.
Dalai Lama

Hoofdstuk 3 Overtuigen
De stappen

3.1 Kritische succesfactoren voor overtuigen

Succesvolle beïnvloeders hebben een aantal dingen gemeen. Ga maar eens na wie jij goed vindt of wie jou als laatste overtuigd heeft. Was het hun mening, of was het de manier waarop ze die mening brachten… Mensen die overtuigend zijn hebben overzicht, ze kunnen zich verplaatsen in de ander en ze zijn hun eigen behoeften de baas. Intelligentie, en vooral sociale intelligentie, is daarbij belangrijk, maar ook voorstellingsvermogen (*imagination*), kennis, intuïtie, ervaring en mildheid. Hoe succesvol je kunt zijn in overtuigen hangt dus af van een aantal factoren. Dit hoofdstuk gaat over deze factoren. Zo kun je inschatten hoe succesvol jij kunt overtuigen.

1. Overzicht & zelfinzicht

Overtuigende mensen spreken vanuit overzicht; ze nemen alles in overweging en kiezen – de helikopterview. Dat iemand overzicht heeft, ontspant ons. Ze kunnen ook tijdens een gesprek zien wat er gebeurt en daarop reageren. Ze zien en benoemen het proces, dat wat ongezegd gezegd wordt. Bedenk hoe goed jij in staat bent om globaal te denken en verbanden te zien. Kun je communicatie zien als een spel? En ook: kun jij zien wat er gebeurt tussen mensen? Welk proces zie je? Kun jij jezelf beschouwen vanuit de helikopter? ('Goh, Henk zegt iets lulligs, ik word boos. Wat gebeurt er, welke behoefte of overtuiging van mij wordt doorkruist? Wat doet hij eigenlijk waartegen ik mij verzet? Herken ik dit? Kan ik mijn behoefte op een andere manier realiseren? Kan ik mijn overtuiging opgeven?')

2. Perspectiefwisseling en inlevingsvermogen

Overtuigende mensen geven de ander het gevoel begrepen te worden. Je kunnen verplaatsen in de ander helpt je om begrip te laten zien en daarmee de ander te kunnen ontspannen. Ook helpt het als je je kunt inleven in datgene wat voor de ander begrijpelijk en interessant is. Iemand gedraagt zich zoals past bij zijn of haar overtuigingen (hoe hoort het, wat vind ik?) en behoeften (ik heb boodschappen nodig, ik heb aandacht nodig). Als je weet waar de ander behoefte aan heeft, kun je zeggen dat je dat begrijpt en kun je de ander ontspannen. Mogelijk kun je zelfs bieden waar de ander behoefte aan heeft.

Beter dan met een autoritaire houding blijk je resultaten te boeken met interesse. Het is beter om niet je positiemacht te gebruiken, bijvoorbeeld om je plannen erdoor te krijgen. Het effect van het gebruik van macht is in 1997 onderzocht door Paul C. Nutt en zijn collega's van de Ohio State University. Onder 386 organisaties waarin strategische veranderingen werden doorgevoerd, hebben zij gemeten welk effect het gebruik van macht en een autoritaire houding hadden op het commitment van de medewerkers bij de nieuwe strategie en het volgens plan doorvoeren van de veranderingen zelf. In organisaties waarin leidinggevenden hun machtspositie gebruikten en een autoritaire houding aannamen, werd 58 procent falen gemeten. Daartegenover stonden de organisaties waar de leidinggevenden energie staken in uitleg en het actief betrekken van de medewerkers, waarin 69 procent succes werd gemeten. Het inzetten van macht bleek contraproductief. Zoals je als ouder wel duidelijk moet zijn in je opvoeding, maar niet je macht over een kind moet uitleven.

Bedenk of jij interesse hebt, of je het perspectief van de ander kunt zien, of je kunt benoemen waar zij voor staan, je in staat bent om hun argumenten te verwerken in je betoog. Kortom: heb je interesse in de ander? Snap je waar de ander op uit is, inhoudelijk en persoonlijk? Heb je begrip voor de ander?

3. Zelfbeheersing & onthechting

Ten slotte zijn overtuigende mensen in staat om zichzelf te beheersen en niet achter hun eigen behoeften aan te rennen. Het kunnen uitstellen van behoeftebevrediging vraagt zelfdiscipline, innerlijke kracht en een goede omgang met onzekerheid. Die kracht biedt tegelijk ruimte voor nieuwsgierigheid, tolerantie van de behoeften van anderen en zal daarmee de ander ontspannen. Ook is daarbij onthechting van de inhoud belangrijk: kun je jezelf los zien van de zaak, van de inhoud? Mensen die hoogbetrokken zijn lopen een risico. Door hun lot te verbinden aan hun project of mening kunnen ze verzuren, moeilijk in de omgang of dominant worden. 'Je doet mee met ons of je bent tegen ons', zei George W. Bush op 6 november 2001 over de betrokkenheid van andere landen bij de bestrijding van terrorisme. Het is prettiger spreken met iemand die vragen stelt en niet meteen reageert of polariseert. Het is prettiger discussiëren met iemand die zijn of haar opinie durft te evalueren en mogelijk los te laten ondanks gezichtsverlies, dan iemand die een gesprek ziet als gevecht en overtuigen ziet als winnen.

Je mening ter discussie durven stellen en durven opgeven is een teken van kracht. En een voorwaarde voor wetenschappelijke validering en vooruitgang. Wat als Columbus veilig op Corsica was blijven boeren en consistent had willen blijven met de geaccepteerde visie dat het aardoppervlak op een bepaald punt eindigt?

Kun je je voorstellen dat een simpele test met een snoepje iets kan zeggen over overtuigingsvaardigheid? In een beroemd geworden experiment van Walter Mischel aan de Stanford University in 1976 is het verband tussen zelfbeheersing en sociale vermogens aangetoond. In het experiment werden kinderen van vier jaar getest op hun vermogen om hun behoeftebevrediging uit te stellen. Ze werden even alleen gelaten met een marshmallow. De onderzoeker zei dat hij even weg moest en dat het kind het snoepje meteen mocht nemen, maar dat hij er nog een bij zou krijgen als bij terugkomst het snoepje er nog lag. Er waren kinderen die de marshmallow meteen namen, en kinderen die de volle 20 minuten wachtten op de onderzoeker en de marshmallow lieten liggen. Dezelfde kinderen zijn op hun achttiende weer getest. Er bleken significante verschillen tussen de groep impulsieve kinderen en die van de beheerste kinderen. Hun resultaten als vierjarige bleken een uitstekende voorspeller voor onder andere hun sociale vaardigheden later in hun leven.

Beheerst	**Impulsief**
Assertief	Besluiteloos
Zelfvertrouwen	Lager zelfbeeld
Rustig bij druk	Overreageren bij druk
Academisch competent	Minder goede studenten
Gevoelig voor uitleg	Tegenargumenten geven

Tabel 3.1 De Stanford Marshmallowstudie (Shoda, Mischel & Peake, 1990)

Ook bij emotionele intelligentie spelen perspectiefwisseling en zelfbeheersing een rol. Goleman noemt vijf dimensies die samen onze emotionele intelligentie bepalen. Het zijn het bewustzijn van je eigen emoties, beheersing van je eigen emoties, jezelf kunnen motiveren, de emoties van anderen kennen en sociale vaardigheden bezitten.

3.2 Spock op je schouder

Inzicht, schakelen en beter worden

Om jezelf te trainen in de kritische succesfactoren raad ik je aan tijdens de voorbereiding en tijdens het gesprek van standpunt te variëren. Om niet alleen je eigen standpunt te kiezen, maar ook die van de analyticus buiten jezelf, degene die het overzicht heeft.

Samen met *Top Gear* is het een van de leukste en invloedrijkste televisieseries: *Star Trek*, sciencefiction uit de jaren zestig en zeventig. Onder Captain Kirk is Mr Spock de tweede man aan boord. Hij doet alle onderzoeken en geeft desgevraagd zijn analyse van de situatie. Zijn moeder is Vulcan. Vulcans hebben alleen ratio, geen gevoel: kolinahr. Spocks vader is mens. In Spock woedt immer de strijd tussen gevoel en verstand. Net als bij ons. Alleen is hij in vergelijking met de mensen aan boord veruit het rationeelst. Hij beziet situaties met nieuwsgierigheid, helderheid en overzicht.

Een voorbeeld ter verduidelijking: op de brug van Starship Enterprise is een gevecht gaande. De bemanningsleden van de Enterprise zijn in gevecht met bemanningsleden van een vijandig schip en buitenaardse wezens. Actie, wapengekletter en kabaal. In die situatie stapt Spock binnen. Hij kijkt rustig rond, hij overziet het slagveld en zegt dan: 'Fascinating…'

Gebruik Spocks perspectief in je voorbereiding en in lastige situaties. 'Interessant' als mantra. 'Hé, Frits komt binnen en ik word boos, interessant…' En zijn talent om te analyseren. Hoe zou Spock hiernaar kijken? Wat gebeurt er nu, wat gebeurt er met de ander, met mij, welk doel heb ik ook alweer, wat zou de ander willen, welke invloed hebben wij op elkaar?

3.3 Gebruik van het model en de twee stappen

En nu, hoe pak je het aan? Als je de mogelijke reactie hebt geanalyseerd, als je die kunt voorspellen of kunt herkennen, kies dan welke stap je moet zetten.

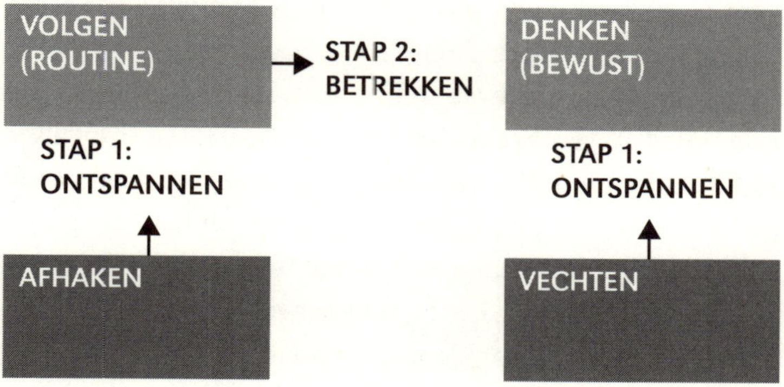

Figuur 3.1 Het Model van Invloed en de twee stappen

Stap 1: Ontspannen

Ontspanning betekent vertrouwen en welwillendheid om naar jou te luisteren; zonder welwillendheid geen overtuigen. Ontspannen ben je als de wereld draait zoals jij denkt dat hij moet draaien; volgens jouw behoeften en overtuigingen. Houd tijdens het gesprek altijd in de gaten of de ander ontspannen blijft. Als iemand verstrakt (afhaken of vechten), is een behoefte of overtuiging doorkruist. Als iemand ontspant, is er de mogelijkheid om te overtuigen. Dit kan door te volgen als iemand laagbetrokken is, of door te denken als de ander hoogbetrokken is. Ook als je zelf in verzet bent, lukt het je niet om anderen te overtuigen.

Vanuit ontspanning krijg je het vertrouwen van de ander en kun je overtuigen als vriend, als autoriteit of als voorbeeld. In deel 3 lees je hoe je dat kunt bereiken.

Is iemand ontspannen en *laagbetrokken*, dan kun je kiezen voor overtuigen door volgen of denken. Het is mogelijk om iemand te laten volgen door hem of haar iets te zeggen of te vragen als vriend (Wet van Clinton), als autoriteit (Wet van de Koning) of als voorbeeld (Tao van Top Gear) (Stap 1). Of als je wilt dat iemand denkt, inhoudelijk een afweging maakt en je niet klakkeloos volgt, zorg dan voor betrokkenheid (Stap 2).

Is iemand ontspannen en *hoogbetrokken*, dan kun je met iemand in gesprek. Lage betrokkenheid is natuurlijk geen optie meer. Sterker nog, iemand inhoud onthouden of wegwuiven als irrelevant levert dan juist irritatie (en dus vechten) op. 'Nee joh, is niet belangrijk… Hoef jij je niet over te buigen'. Lever heldere informatie en ga in gesprek zodat je de ander op inhoud kunt overtuigen. Hoge betrokkenheid heeft wel vechten als risico. Zeker als je ook zelf hoogbetrokken bent. Deel 3 gaat over ontspannen: hoe houd je iemand ontspannen die hoogbetrokken is.

Weeg goed af of je kiest voor volgen of denken. In paragraaf 3.4 lees je meer over de voordelen en nadelen van beide.

Stap 2: Betrekken

Betrokkenheid geeft aandacht en interesse; zonder aandacht geen denken. Betrokkenheid zorgt ervoor dat voor jouw standpunt, advies of verhaal een podium ontstaat, en brengt focus, bewustzijnsvernauwing. Je kunt mensen bij je onderwerp betrekken met een goed verhaal (Wet van Roodkapje), met goede argumenten (Wet van het Warme Bad) of met helderheid (Size does matter).

Betrokken raak je als het onderwerp of de persoon je belangrijk genoeg lijkt om de moeite te nemen je daarover te buigen. De opvoeding van je kind bijvoorbeeld. Of kijk hoe Al Gore de wereld betrokken maakte bij CO_2-reductie. Betrokkenheid kan tijdelijk zijn en weer verdwijnen. Zoals ineens iedereen zwanger lijkt als je zelf zwanger bent en je voor een tentamen ineens betrokken kunt raken bij celsplitsing. Betrokkenheid kan ook groeien en blijven, zoals de betrokkenheid bij je kind of de zeilpassie sinds je eerste liefde. In deel 4 lees je over het creëren van betrokkenheid.

3.4 Analyse & kiezen voor denken of volgen

Als je weet wat de ander nodig heeft, kun je bepalen wat je moet doen om hem of haar te overtuigen. Maak voor je begint eerst een analyse. Dit kun je globaal en intuïtief doen of met behulp van de analyse in hoofdstuk 10. Analyseer welke reactie je verwacht. Dit kun je doen op basis van twee vragen: 1. welk gevoel verwacht ik bij de ander? (welke invloed heb ik?), en 2. hoe betrokken is de ander?

Overtuigen kan door denken of volgen. Het is het verschil tussen met een recept van je huisarts naar de apotheek gaan – volgen – of met dat recept naar de apotheek gaan nadat je hebt gekeken op het internet of een second opinion hebt gevraagd – denken. Overtuigen met inhoud en denken, 'logos' in de klassieke retorica, is interessant als je iemands mening wilt beïnvloeden.

Kiezen voor denken

Kies voor een inhoudelijke overtuigingspoging:

1. VOOR EEN ZINVOL GESPREK
   Als de ander hoogbetrokken is en je een inhoudelijk zinvol gesprek wilt.
2. ALS JE GEÏNTERESSEERD BENT
   Als je benieuwd bent naar de inzichten of de mening van de ander.
3. VOOR OVERTUIGEN OP LANGE TERMIJN
   Als je zeker wilt zijn dat de ander gecommitteerd is aan een plan, ook op lange termijn.

Risico's van betrokkenheid

Mensen overtuigen door ze te laten denken is alleen mogelijk als de ander betrokken is bij je stelling of ideeën. Maar betrokkenheid brengt ook risico's met zich mee. Het kan aantrekkelijker of beter zijn om te vertrouwen op volgzaamheid. Bedenk eerst of het nodig is dat de ander een weloverwogen en op logica gebaseerde mening krijgt. Calculeer bij een inhoudelijke poging de risico's in van hoge betrokkenheid. Iemand betrekken kost tijd en moeite en er is kans op mogelijk verzet; een ontspannen sfeer kan omslaan.

Tijd & moeite

Het kost meer tijd om een inhoudelijke afweging te maken dan in te stemmen. Betrokkenheid creëren kost moeite. Ook de bewijsvoering met de argumenten moet je aandragen: wie stelt bewijst. Als je anderen van mening wilt laten veranderen, moet je incalculeren dat je tegenargumenten zult moeten kunnen weerleggen. Inhoudelijk overtuigen kost jou meer tijd, maar ook de andere partij. Zij moeten je aanhoren en zich erin verdiepen. Stel je een ingenieur voor die gevraagd wordt te berekenen hoe dik een kabel voor een brug moet worden. Natuurlijk wil de opdrachtgever zeker weten dat de ingenieur de juiste calculatie heeft gemaakt, maar hij wil vooral als antwoord een getal in centimeters. In een duimendik rapport zal de opdrachtgever doorbladeren naar de conclusie en dat getal zoeken.

Als je een managementteam wilt meekrijgen met jouw advies, kan het helpen om kort drie varianten aan te bieden met een vergelijkend overzicht van criteria die voor de teamleden van belang zijn, in plaats van een uitgebreide uiteenzetting. Houd je betoog dus zo helder mogelijk.

Mogelijk verzet

Van mening veranderen is oncomfortabel, we zien onszelf liever als consistent: wat ik vandaag vind, vind ik morgen ook… Het geeft stress om van mening te veranderen, overtuigingen bij te stellen en tijdelijk ambiguïteit te ervaren.

Een inhoudelijk betoog kan zelfs argwaan oproepen. Afgelopen jaar kreeg ik van mijn energieleverancier de vraag of ik wilde overstappen op groene stroom. Die vraag was verpakt in een dikke envelop met vier A4'tjes tekst, waarin een lange brief van de voorzitter, argumenten voor groene stroom – goedkoper en beter voor het milieu – foto's van bloemen en natuurlijk aanbevelingen van een oud-minister en drie bekende Nederlanders. Niet alleen kostte me dit veel tijd om door te lezen, ik vroeg me af waarom iets dat beter en goedkoper is kennelijk zoveel aanbeveling nodig heeft. Ik vertrouwde het niet en heb geen reactie gegeven. Een simpele antwoordkaart met drie zinnen erop had beter gewerkt. Veel informatie geeft veel gedoe.

Verwarring

Als je met een standpunt komt met inhoud, loop je bovendien kans dat mensen verward raken. De werkelijkheid dient zich anders aan en wij zien de werkelijkheid het liefst zoals we die al kennen. Liever convergeren dan divergeren. Onduidelijkheid, ambiguïteit, het is maar voor weinigen prettig. Ook kan het zijn dat anderen zich gaan richten op informatie die niet relevant is.

Wie kaatst...

Overtuigen vraagt vertrouwen en ontspanning van jezelf. Als jij zelf in verzet bent, en je haakt af of vecht, zal overtuigen niet lukken. Je roept meteen spanning en verzet op. Ook zul je overzicht moeten hebben en kunnen blijven schakelen als een ander reageert. Misschien moet je zelf bakzeil halen en overtuigen ze jou wel. Misschien word je te licht bevonden of ben je daar bang voor. Het kan zijn dat je inhoud en kennis mist of moeite hebt met helder denken en ter plekke schakelen. Zeker als je zelf betrokken bent, heb je de kans dat je je vastbijt en niet meer ontspannen bent als iemand reageert. Praten over het plan waar je al drie maanden mee bezig bent. Praten met je ex over de opvoeding van de kinderen. Praten met je dochter van zestien over een tatoeage.

Kortom, richt je niet altijd op inhoud. Overtuigen door denken heeft risico's.

Overtuigen door volgen

Je kunt ook kiezen voor overtuigen door volgen. Omdat we minstens 90 procent van onze tijd routinematig handelen en beslissen, is het redelijk eenvoudig om ons te laten instemmen en een nieuwe mening te geven. Denk aan de mening die we overnemen van een arts, een hoger geplaatste, een senior of een vriend wiens advies we overnemen. Of aan ons koopgedrag bij de Drie Dwaze Dagen van de Bijenkorf. Verhitte mensen, vechtend om een dekbedhoes of de laatste Wii. Of denk aan het succes van Coca-Cola, als het best verkochte product ter wereld ooit. Hun optimistische commercials beloven een gelukkiger leven met Coke. 'Life tastes good' is, zou je zeggen, rationeel lastig te onderbouwen. Niks logica.

Zoals wij eenvoudig te beïnvloeden zijn, is het overtuigen van anderen dus ook redelijk eenvoudig; het is zeer wel mogelijk een mening te creëren zonder expliciet op de inhoud in te gaan of logisch te argumenteren.

Overtuigen door een gevoel op te roepen of in te spelen op gevoel heet in de klassieke retorica 'pathos'. Het gevoel dat iemand ervaart is de werkelijke invloed die je hebt. Pathos ís de invloed: iemand stemt in met jou vanuit routine en een ontspannen gevoel. Overtuigen kan manipulatie worden als je weet dat je indruist tegen iemands behoeften en overtuigingen. Dat zal zich later kunnen wreken en achteraf verzet of een verstoorde relatie kunnen opleveren. Hieronder volgen condities om te kiezen voor volgen.

Kiezen voor volgen

1. OM TIJD & MOEITE TE BESPAREN
   Als de ander laagbetrokken is en ontspannen en inhoudelijke afweging meer tijd kost dan zinvol is (denk bijvoorbeeld aan een kibbelend echtpaar op leeftijd dat hun vakantierelaas van minuut tot minuut aan je vertelt). Als de ander inhoudelijk niet op de hoogte hoeft te zijn om te kunnen beslissen.
2. BIJ AMBIGUÏTEITSINTOLERANTIE
   Als je weet dat de ander het lastig vindt om te veel inhoud aan te kunnen of het moeilijk vindt om van mening te veranderen.
3. ALS JE AUTORITEIT & LEIDING HEBT
   Als de ander je leiding of (expert)status accepteert en een inhoudelijke afweging te veel tijd kost (denk bijvoorbeeld aan een brandweercommandant die orders moet kunnen geven).

Zoals gezegd: voordat je gaat overtuigen, ga je na wat de ander nodig heeft. Als je weet wat de ander nodig heeft, kies je je strategie in stappen: ontspannen of ontspannen en daarna betrekken. In deel 3 lees je over methoden om de ander te ontspannen, in deel 4 over methoden voor betrekken.

Deel 3 Stap 1
Ontspannen

Leer anderen ontspannen. Geef de ander waar hij of zij behoefte aan heeft en win vertrouwen als vriend, autoriteit of voorbeeld.

Give people what they need, so you get what you want.
Ofwel:
De kortste weg is de omweg.

Hoofdstuk 4 De Wet van Clinton
Overtuigen als vriend

Being president is like running a cemetery:
you've got a lot of people under you and nobody is listening.
Bill Clinton

Perfectie is saai. En ongeloofwaardig. Deze wet gaat over een van de drie stijlen voor overtuigen, namelijk door een vriend te zijn. Iemand die je als vriend(in) beschouwt, geloof je. Zo zul je tips voor een aannemer of voor een Parijs hotelletje geloven, omdat een vriend je *het beste* gunt.

Al jaren vraag ik mensen wie ze overtuigend vinden. Ze mogen iedereen noemen: iemand die algemeen bekend is of die zij alleen kennen van hun werk, hun zus of hun buurman. Van alle namen die genoemd worden, uit het oneindige aanbod mensen waaruit gekozen kan worden, neemt Bill Clinton zeker 15 procent voor zijn rekening. Mensen die hem live hebben meegemaakt, zeggen dat ze hem nooit zullen vergeten en dat hij met iedereen in de zaal een band lijkt te hebben. We kennen natuurlijk ook allemaal zijn misstappen en zijn comebacks daarna.

Hij gaf zijn fouten toe, volledig, en er werd weer van hem gehouden. Met zelfspot. 'What's a man got to do to get in the top fifty?' zei hij toen het Lewinsky-schandaal op nummer 53 in de ranglijst 'Verhaal van de Eeuw' terechtkwam.

Er zijn mensen die hem haten, natuurlijk, maar dat hoort ook bij zijn overtuigingskracht: je zult niemand haten die je niet overtuigend genoeg acht. Wat maakt Bill Clinton zo goed, waarom is hem zoveel vergeven en waarom is hij zo overtuigend? Daarover gaat deze wet. Bill is zo menselijk dat hij onze vriend zou kunnen zijn. Ook Obama zal om deze reden net zo populair worden als Clinton.

4.1 Ontwapening *De Regel van de Sympathie*

We zeggen eerder ja tegen iemand die we kennen, die onze vriend is en die we aardig vinden. Dat klinkt logisch. We stemmen zelfs eerder in met iemand die op ons lijkt. Vertrouwdheid ontwapent en maakt ons volgzaam. Zo blijken we eerder geld te geven aan iemand op straat die zich kleedt zoals wij dan aan iemand met andere kleding, en tekenen we eerder een petitie als degene met die petitie zich kleedt zoals wij. Robert Cialdini noemt sympathie een van de belangrijkste manieren om automatische volgzaamheid te creëren.

Dit principe kan natuurlijk ook gebruikt worden door mensen die doen alsof ze ons kennen, aardig vinden en ons complimenten geven. In Nederland doet Roos Vonk, hoogleraar sociale psychologie, onderzoek naar onder meer 'slijmen'. Zij heeft beschreven dat we geneigd zijn complimenten over onszelf te geloven. Een mooi voorbeeld van menselijkheid en op gelijke voet komen met de mensen die naar je luisteren is dat van Hillary Clinton tijdens de *primaries*, de voorverkiezingen van 2008 voor de kandidaatsverkiezingen voor de democraten. Tijdens de opening in januari in de staat Iowa ging Barack Obama er met de grootste zetelwinst vandoor, 38 procent. Het was toen een verrassende uitkomst. De gedoodverfde winnaar tot dan toe was Hillary Clinton, maar zij eindigde met 29 procent als derde, nog na John Edwards met 30 procent. Vernietigd en weggeschamperd werd ze in de pers in de dagen die daarop volgden. Haar kansen werden ineens weggeschreven en de Clintons werden even oude politieke wijn genoemd als de Bush's.

Maar wat deed Hillary vijf dagen later? Even leek ze net zo capabel om te verleiden en een comeback te maken als haar man. Ze won met 2 procent van Obama in New Hampshire en ineens was ze helemaal terug. John Edwards was daarna bovendien uit beeld.

'Unlikable' en 'old school': hoe keer je die opinie? Wat heeft ze gedaan en wat kunnen we hiervan leren? Hoe vergroot je je invloed als je te groot en te afstandelijk lijkt? Ze maakte zichzelf menselijk, ze maakte contact en maakte haar publiek belangrijk. Waar ze in haar campagne tot dan toe alleen speechte, beantwoordde ze in New Hampshire alle vragen van het publiek. En ze liet haar vermoeidheid en tranen zien en gaf een emotioneel antwoord op de vraag hoe zwaar campagnevoeren is. Ze liet weten dat het niet makkelijk is, dat ze doodmoe was en af en toe moeilijk de verleiding kon weerstaan om pizza te eten, maar dat het haar heel persoonlijk te doen is om *onze* kinderen en *ons* land...

Het is niet makkelijk... *Het is niet makkelijk... en weet je, ik zou het ook niet kunnen als ik niet hartstochtelijk geloofde dat het goed is wat ik doe...* ***Dit is voor mij iets heel persoonlijks.***

Ik weet dat sommige mensen denken dat verkiezingen maar een spelletje zijn, ze denken dat het gewoon een kwestie is van wie boven ligt en wie onder... ***Het gaat echt over ons land****, over de toekomst van onze kinderen, het gaat echt over ons allemaal samen... we doen het, stuk voor stuk, omdat we om ons land geven.*

Dus... ***hoe moe ik ook ben, en ik bén moe, en hoe moeilijk het ook is om vol te houden*** *wat ik probeer te doen op tournee, zoals zo nu en dan oefeningen doen en goed eten, wat lastig is omdat een pizza zo lekker makkelijk is, geloof ik gewoon heel erg in wie wij zijn als natie... Dus ga ik er alles aan doen om duidelijk te maken wat ik voor ogen heb, en dan is het aan de kiezers om te beslissen... Dank jullie wel...*

Kijk, zo moet het dus. Haar menselijkheid leverde haar direct zetelwinst op in New Hampshire, helemaal terug aan de leiding op weg naar Super Tuesday.

Door wat? Door haar menselijkheid te laten zien: 'Ik ben vermoeid van het campagnevoeren. Ik ben ook maar een mens'. En dat ze evengoed een held is: 'Ik hou vol!' Natuurlijk verloor ze uiteindelijk van Barack Obama. Hij heeft zijn lage stem mee (zie hoofdstuk 5) en hij lijkt natuurlijk bij uitstek een vriend.

Tips voor ontwapening

- Maak contact.

  Degene die geen contact kan maken, staat onderaan in de invloedshiërarchie, heeft Daniel Goleman ooit gezegd. Als je iemand snapt, kun je ontdekken wat hij of zij nodig heeft en waar ze op uit zijn. Inhoudelijk, maar ook persoonlijk: zoekt iemand erkenning, macht, resultaat, contact of zekerheid? Wees nieuwsgierig, herhaal in jezelf wat de ander zegt, controleer of je de ander begrepen hebt.

- Laat je menselijkheid zien: ik ben net als jij.

  Vertel in een presentatie of gesprek over jezelf, vooral in relatie tot het onderwerp en in relatie tot de mensen die naar je luisteren.

  Een goed voorbeeld hiervan lees je in een deel van een speech van Steve Jobs, medeoprichter van Apple Computers en Pixar Studios. Fragmenten uit zijn speech aan de Stanford University, Palo Alto in 2005:

Het is een eer om vandaag bij u te zijn. Om de waarheid te zeggen ***heb ik de universiteit nooit afgemaakt****, en dichter bij een buluitreiking dan dit ben ik nooit gekomen... Ik heb wel op de universiteit gezeten... maar na zes maanden zag ik het nut er niet meer van in.* ***Ik had geen idee wat ik met mijn leven wilde*** *en geen idee hoe de universiteit me zou helpen om daar achter te komen. Dus besloot ik af te haken en vertrouwde ik erop dat het allemaal goed zou komen.* ***Toen was het allemaal behoorlijk eng...*** *Helemaal niet romantisch. Ik had geen kamer in een studentenflat dus sliep ik bij vrienden op de grond... En veel van de* *dingen waarop ik stuitte* ***door mijn nieuwsgierigheid en mijn intuïtie te volgen****, bleken later onbetaalbaar.*

Omdat ik was afgehaakt en niet naar de gewone colleges hoefde te gaan, ben ik kalligrafielessen gaan volgen om te zien hoe je dat doet... Het was allemaal in de verste verte niet te voorzien dat dat enig praktisch nut zou hebben in mijn leven. Maar tien jaar later, toen we bezig waren met het ontwerpen van de eerste Macintosh-computer, kwam het allemaal weer boven. En toen hebben we alles in het ontwerp van de Mac meegenomen. Het was de eerste computer met een mooie typografie.

- Wees een held maar blijf menselijk.
  Laat je betrokkenheid en je emoties zien en blijf ook in controle, vertel erover... Probeer je emoties niet te camoufleren. Maar let op: een probleem vraagt om een oplossing en een drama vraagt om een held. Let er daarom op dat je niet volledig opgaat in je emoties. Blijf in controle: vertel erover. Zoals Hillary in New Hampshire vertelde dat ze vermoeid was. Bovendien vertelde ze dat ze doorgaat. Iemand die zijn of haar emoties niet kan beheersen, roept plaatsvervangende schaamte op, met daaropvolgend bijvoorbeeld medelijden of irritatie. Dat betekent dat de mensen die naar je kijken stress ervaren en dat ze gaan vechten of afhaken. Dus: laat menselijkheid zien, maar houd contact. Als emoties te zien zijn, benoem dan wat er met je gebeurt, zodat mensen weten dat je in controle bent en iedereen zich kan ontspannen.

- Noem zaken of personen die je met elkaar gemeen hebt.
  We ontspannen als we iets met de ander gemeen hebben, al

is het de eerste letter van onze naam. Zoek dus naar overeenkomsten die je hebt met de ander(en) en noem die. 'Heb jij ook op basisschool De Blauwe Kabouter gezeten?' 'Wat gaaf, ik wist niet dat jij ook houdt van Fawlty Towers!' 'Ik heb ook twee zussen…' Als je gemeenschappelijke vrienden hebt, is het natuurlijk goed om die te noemen, of laat weten dat een vriend(in) het met je eens is. Vraag ook referenties aan mensen die de ander als vriend(in) beschouwt.

- Verpersoonlijk de inhoud.
  Voeg personen toe aan de inhoud van je tekst of vertaal de inhoud naar personen of degene(n) die naar je luistert(en).
  Van: *Je krijgt hem voor, je kopt, je scoort…*
  Naar: *Ronaldo gaf hem voor, ik kopte, ik scoorde.*
  Van: *Vandaag gaat het over het projectplan.*
  Naar: *Vandaag wil ik met jullie spreken over ons projectplan.*

- Gedraag je als de ander: vrienden zijn even 'groot'.
  In veel trainingen wordt ons geleerd om te 'spiegelen'. Dat houdt in dat je, om contact te maken, exact hetzelfde doet als degene met wie je een gesprek hebt en wel zo, dat het lijkt alsof tussen jullie beiden een spiegel staat. Dit is ooit bedacht en gebaseerd op de wetenschap dat vrienden hetzelfde non-verbale gedrag laten zien. Met die kennis aan de haal werd spiegelen vaak te plat toegepast.
  Wat dus wel? Kijk naar het grote plaatje. Het gaat erom even 'groot' te zijn als de ander; neem evenveel ruimte in als de ander. Kijk hoeveel ruimte de ander fysiek gezien

inneemt en hoeveel vrijheden de ander zich permitteert; kijk hoezeer de ander op zijn of haar gemak lijkt. Als je even 'groot' lijkt, zul je de ander ontspannen en de ander het gevoel geven dat je een vriend bent.

- Laat je kleding en accessoires lijken op die van de ander. We stemmen eerder in met iemand die op ons lijkt. Wil je dat mensen je als je vriend beschouwen? Zorg dan voor kleding die lijkt op die van degene die je wilt overtuigen. Denk ook aan accessoires als horloge, gadgets en auto.

- Gebruik je onweerstaanbare stem.
  Graag vertel ik je hier iets meer over mijn eerste vakgebied: de stem en stemfysiologisch en sociolinguïstisch onderzoek. Maak gebruik van de mogelijkheden van je stem om mensen te beïnvloeden.
  Wij beoordelen iemand op basis van zijn of haar stem en articulatie. Net zoals we doen met hoe iemand eruitziet (non-verbaal visueel), hebben we een oordeel over iemand op basis van zijn of haar stem en manier van spreken (non-verbaal auditief). In sociolinguïstische experimenten wordt onderzocht wat mensen vinden van iemand op basis van stemgeluid en manier van spreken. In een onderzoek aan het Universitair Medisch Centrum Groningen en een vergelijkbaar onderzoek aan de Universiteit van Nijmegen heb ik samen met anderen heesheid bestudeerd. We ontdekten dat iedereen die spreekt op normaal volume hees is. Naarmate je een zachter volume hebt, neemt de heesheid toe. We blijken verwachtingen te hebben over iemands persoonlijkheid op basis van stem en manier van spreken. Na-

tuurlijk klopt dat niet per se met iemands werkelijke aard. Maar hier is het grote nieuws: de oordelen onderling komen sterk met elkaar overeen. De zogenaamde interbeoordelaarsbetrouwbaarheid is heel hoog. Er blijken op basis van stem en spreken universele oordelen, cultuurgebonden oordelen en persoonlijke oordelen te zijn.

Een paar voorbeelden: overal ter wereld blijken we van iemand met een hese stem te denken dat het een boeiende persoonlijkheid is. Bill Clinton en Marilyn Monroe hebben een hese stem, net als Katie Melua en Jamie Cullum.

Een *cultuurgebonden* oordeel is een oordeel over iemand op basis van toonhoogte. Iemand die zijn stem in het hoge bereik gebruikt, wordt 'vriendelijk en benaderbaar' gevonden, en iemand die zijn stem in het lage bereik gebruikt, 'overtuigend, leider, gezond en volwassen'.

Ook onze waarneming van accenten is cultuurgebonden. Grofweg gezegd maakt een accent ons, net als een stem in het hoge bereik, een zachte en hese stem, voor een luisteraar sympathiek, echt, rechtdoorzee, betrouwbaar, benaderbaar en dus ook ongevaarlijk. Dat geldt met name voor accenten uit het noorden, oosten en zuiden van Nederland. Denk aan Jeltje van Nieuwenhoven en Arnold Vanderlyde.

Een *persoonlijk* oordeel is gebaseerd op herinneringen aan mensen met een vergelijkbaar stemgeluid of articulatie. Stel, iemand klinkt als jouw favoriete tante Stella uit Groningen, die altijd appeltaart voor je bakte in haar warme keuken. Goede kans dat je je bij die persoon onwillekeurig ontspant. Al jaren leer ik mensen hoe ze hun stem zo kunnen gebruiken dat ze geloofd worden (autoriteit) of onweerstaanbaar worden (vriend). Hier in dit boek een paar

voorbeelden en tips. Als je meer wilt weten, kom dan een keer naar een lezing of een workshop of kom voor een persoonlijk stemadvies.
Hieronder alvast wat stemtechnieken die ik mensen leer om anderen te ontspannen.

Gebruik je hoge stem
Een stem om anderen te verleiden is een stem die in het hoge bereik klinkt. Als wij met kleine kinderen praten, spreken we allemaal in ons hoge bereik. Bill Clinton heeft met zijn hoge bereik veel bereikt. Oefen je hoge bereik. Gebruik je hoge bereik als je hulp wilt. Je zult merken dat mensen eerder doen wat je vraagt. Een vergelijkbaar effect krijg je als je je zinnen vragend laat eindigen.

Gebruik je zachte, hese stem
Heesheid, zie hierboven, trekt aandacht en boeit. Bill Clinton heeft een uiterst hese stem en spon er electoraal garen bij. Denk '06' en oefen je hese geluid. Mensen zullen langer naar je willen luisteren.

Maak gebruik van je accent
Gebruik je accent om vrienden te maken en anderen te ontwapenen. Imiteer niet, maar een accent dat van jezelf is, maakt je authentiek en daarmee voor anderen ongevaarlijker. Dit maakt je een gevaarlijke onderhandelpartner omdat mensen je minder zwaar inschatten en je onwillekeurig meer vertellen dan voor hen wijs is.

- Beken kleur.
  Perfectie is saai en ongeloofwaardig. Beken kleur en wees menselijk. Heb een mening, heb een verleden, heb rafels, heb een hobby, heb een doel. Zorg dat je in een sollicitatiegesprek, een adviesgesprek of een presentatie laat zien dat je weet hoe jij je zwakke kanten omzeilt en dat je problemen kunt overwinnen.
  Voorbeeld: *We hadden weer een fantastisch jaar.*
  Beter: *Jullie hebben me weer verrast afgelopen jaar. Die enorme dip in juni is zo goed opgelost, snel en met een ongelooflijke inzet.*
  Voorbeeld: *Ik krijg nooit iets af omdat ik op alle slakken zout leg.*
  Beter: *Ik ben soms te perfectionistisch. Omdat ik dat weet, stop ik voordat ik doorsla. Ik laat de laatste versie van mijn stukken altijd screenen door anderen en haal daarmee alle deadlines.*

4.2 Ontspanning *De Onderhandelregel van Sadat*

Van Anwar Sadat, president van Egypte van 1970 tot 1981, is een belangrijke les te leren. Sadat voert aanvankelijk een sterk anti-Israëlbeleid en onder zijn leiding start Egypte, samen met Syrië, in 1973 de Yom Kippoeroorlog tegen aartsvijand Israël. Hoewel die oorlog verloren wordt, krijgt hij meer politieke bijval in eigen land.

Na zijn herverkiezing in 1976 voor een nieuwe ambtsperiode van zes jaar, verandert zijn houding ten opzichte van Israël. In een toespraak voor het Egyptisch parlement zegt hij dat hij overal naartoe zou gaan om met Israël over vrede te onderhandelen, zelfs naar de Knesset, het Israëlisch parlement. Prompt wordt hij door Israël uitgenodigd. Hij neemt de uitnodiging aan en wordt de eerste Arabische leider die een bezoek brengt aan Israël. Weggehoond door de meeste Arabische landen, brengt hij zijn officiële bezoek aan Israël. Op 19 en 20 november 1977 heeft hij een ontmoeting met Eerste minister Menachim Begin en spreekt hij de Knesset toe.

Sadat stond bekend om zijn onderhandelvaardigheid en zijn specifieke onderhandeltalent. Hij benaderde zijn onderhandelpartner op een bijzondere manier. Naar verluidt zei hij tegen Begin: 'Uw volk, meneer Begin, staat te boek als vredelievend en vergevingsgezind en u, meneer Begin, staat bekend als een visionair staatsman, krachtig en wijs'. Hoe kon Begin na deze woorden persoonlijk nog anders dan visionair, krachtig en wijs de besprekingen doen? Hoe kon hij niet gevleid zijn door dergelijke kwaliteiten aan zijn adres en dat van zijn landgenoten? Sadat koos bij uitstek wat het beste aan kwaliteiten in Begin naar boven zou halen in dienst van de onderhandeling.

De Onderhandelregel van Sadat: ken iemand een kwaliteit toe. Extra sterk is als we een kwaliteit krijgen toegedicht die we aantrekkelijk genoeg vinden om ons te willen toe-eigenen. Een etiket verplicht: we leven volgens ons zelfbeeld, dus ook volgens een nieuw zelfbeeld. Een compliment zet het zogenaamde 'consistentieprincipe' in werking. We willen graag een consistent beeld hebben van onszelf. Als we iets beloven, voelen we ons verplicht de belofte gestand te doen. Als we een mening hebben geuit, voelen we ons verplicht die te beargumenteren en te handhaven. En… *als we kwaliteiten krijgen toegekend en ze beamen omdat we ons daarin graag herkennen, zullen we handelen naar deze kwaliteiten.*

In het programma *Nu we er toch zijn* bellen de programmamakers en Eddy Zoëy 's avonds aan bij mensen thuis, bijvoorbeeld in Schagen of Staphorst. Als er opengedaan wordt, zegt Eddy: 'We hebben gehoord dat mensen in Schagen erg gastvrij zijn. Klopt dat?' Wee degene die de gastvrijheid van zijn of haar plaatsgenoten beaamt. Daarop volgt dan steevast de vraag of Eddy, samen met de cameraman en de geluidsman, gezellig mag binnenkomen of mag blijven slapen. Het blijkt een heel eenvoudige manier om gastvrijheid aan te wakkeren.

Tips voor ontspanning

- Investeer in anderen.
  Besteed tijd en energie aan anderen. Onderzoek wat de ander drijft. Onderzoek welke bijdrage je kunt leveren aan de verwezenlijking van zijn of haar persoonlijke en professionele doelen.
  Houd het wel ontspannen en overdrijf niet. Als je te veel geeft, kan dit een ongemakkelijk gevoel oproepen. Mensen kunnen het gevoel krijgen bij je in het krijt te staan (immers: voor wat, hoort wat) en dat is op lange termijn ongemakkelijk. Investeer oprecht, wees eerlijk ('authentiek') en bewijs dat door dingen te doen die voor jou een *kleine moeite* betekenen, of die je, als ze je veel moeite kosten, *zelf met plezier doet* of hun erg *gunt.*

- Verleen de ander een gunst of doe iets voor de ander.
  Als kind hebben wij geleerd dat we iets moeten terugdoen als we iets krijgen: 'Je krijgt een koekje van tante Gerda, en wat zeg je dan… ?' Volgens het principe 'voor wat hoort wat' zal de ander onwillekeurig iets terug willen doen om jou te helpen of iets terug te doen. Overvraag eerst: de complianceregel.
  Dit is een afgeleide van het wederkerigheidsprincipe; wie nee zegt op een verzoek, is daarna eerder geneigd ja te zeggen op het volgende verzoek. Laat dus je werkelijke verzoek voorafgaan door een ander, dat je niet zo belangrijk vindt. 'Wil je dit project van mij overnemen?' 'Nee!' 'Maar zou je dan wel de financiën willen doen?' 'Eh, oké.'

- Niet klagen & geen slecht nieuws brengen.
  Van: *Niemand is ooit nog eens galant…*
  Liever: *U bent altijd zo hoffelijk. Zou ik u mogen vragen voor mij deze tas naar de auto te willen tillen?*
  Een klacht en slecht nieuws hebben een vervelend bijeffect. We associëren de inhoud met de brenger. Ook als degene niets met die inhoud te maken heeft. Als je slecht nieuws of een klacht hebt, ga er aan voorbij, pak het goed in of, nog beter:

- Geef (gemeende) complimenten. (Priming)
  Roos Vonk zegt: 'Vleien werkt omdat de ander complimenten gelooft.' Dit is zeker zo als je je onafhankelijk opstelt. Vertel wat je van de ander vindt, noem kwaliteiten die je bij hen ziet. Dat kunnen natuurlijk bij uitstek de kwaliteiten zijn die je nodig hebt van de ander, de Sadatregel.

Voorbeeld: *Ik vind dat je harder moet werken.*
Liever: *Jij bent een heel harde werker, toch?*
Allebei mijn oma's waren meester-beïnvloeders. Beiden gebruikten vleierijen, bedankjes en complimenten om van alles gedaan te krijgen. Oma Paula Wegter verleidde ons tot bezoekjes met: 'Wat is het toch heerlijk dat je er bent.' En toen mijn oma Bertha van Goethem slecht ter been werd liep ze met een stok en kreeg ze moeite om zware deuren te openen. Dan plachtte ze mannen aan te spreken in de buurt van de deur met: 'Jij ziet er heel sterk uit. Zou jij die deur voor mij kunnen openen?' Ook vertelde mijn oom Guus, dat zij hem vaak verleid heeft tot huishoudelijk werk door te zeggen: 'Guus, wat kun jij geweldig stofzuigen…'
Leer van Sadat en mijn oma's en geef dus gerichte complimenten. Complimenten worden beter als je ze meent en informatie toevoegt, zodat je niet als een syllabus klinkt. Kies je eigen teksten en lever inhoudelijk bewijs.
Voorbeeld: *Goede vraag.*
Liever: *Goede vraag, dit legt precies de angel bloot.*
Of: *Goede vraag, daar hebben we aanvankelijk enorm mee geworsteld.*

4.3 Verleiding
De Regel van Mae West

Soms is nog een extra stap nodig. Als je cynici mee wilt krijgen. Als je wantrouwende concurrenten voor je wilt winnen.

Of ons eigenwijze Nederlanders sowieso. Of als je fouten hebt gemaakt en je hernieuwd vertrouwen vraagt.

De beste verleider ooit moet wel Mae West zijn geweest. Mannen vonden haar geweldig, maar vrouwen ook. Naast verleiden kon ze denken. De beste oneliners komen van Mae West.

Een goede tweede is Bill Clinton. Hij heeft ook vaak moeten verleiden. Herhaaldelijk is hij tijdens zijn presidentiële ambtstermijn betrapt op fouten en moest hij met excuses komen. Zijn beroemdste fout is natuurlijk zijn relatie met Monica Lewinsky.

Een half jaar nadat de relatie uitlekt, wankelt het vertrouwen in zijn presidentschap. Hij voorkomt dat hij wordt afgezet door zijn fout, zijn leugen, toe te geven op 11 september 1998 aan het hele Amerikaanse volk.

Het is vandaag een ongewone en, naar mijn mening, een ongewoon belangrijke dag. Misschien dat vandaag ***het spreken me niet zo gemakkelijk af zal gaan*** *als in de afgelopen jaren, en ik ben gisteravond tot laat op geweest, denkend en biddend over wat ik vandaag zou moeten zeggen... Dus* ***als u mij wilt vergeven****, dan doe ik mijn best om te zeggen wat ik u wil zeggen – en misschien dat ik mijn bril moet opzetten om mijn eigen handschrift te lezen.*

Ik ben het eens met de mensen die zeiden dat ik in de eerste verklaring die ik aflegde niet genoeg spijt heb getoond. ***Ik geloof dat er geen mooie manier is om te zeggen dat ik heb gezondigd.***

Ik hecht eraan dat ***iedereen*** *die gekwetst is* ***weet dat mijn verdriet echt is****: in de eerste plaats mijn gezin, ook mijn vrienden, mijn staf, mijn kabinet, Monica Lewinsky en haar familie,* *en het hele Amerikaanse volk.* ***Ik heb hen allemaal om vergeving gevraagd.***

Maar ik denk dat er meer nodig is dan verdriet om te worden vergeven... Oprecht berouw... Het feit dat ***ik een fout heb begaan*** *mag niet worden verdoezeld door juridische taal... Hierbij* ***vraag ik u om voor mij te bidden en mij te helpen*** *bij het genezingsproces van onze natie...*

Ik ben al die vele mensen... die mij hebben geschreven met verstandig advies, erg dankbaar. Ik ben ***innig dankbaar voor de steun*** *van zovele Amerikanen...*

In de vetgedrukte delen herken je elementen van de Wet van Clinton: zijn menselijkheid, het volledig en ruimhartig toegeven van zijn fouten, zijn twijfels, zijn excuses en het vragen om hulp. Zijn fouten, zijn menselijkheid, betekenden ook zijn succes. Al Gore kwam tekort in 2000 omdat hij zo zijn best deed om perfect te lijken. Bill Clinton laat zien dat je kunt scoren met fouten en dat je anderen kunt betrekken bij jou en jouw probleem. Zonder reserve toegeven. Ruimhartigheid wordt ruim beloond.

Tips voor verleiding

- Bedank. (Priming)
  Het uitspreken van dank is een directe manier om uit te drukken dat de ander belangrijk is of belangrijk is geweest voor je. Ook hier geldt: inhoudelijk bewijs overtuigt.
  Voorbeeld: *Dank je wel voor jullie aanwezigheid.*
  Krachtiger: *Dank je wel voor jullie aanwezigheid. Ik weet dat dit een extra drukke week was en dat sommigen van jullie van ver moesten komen...*

- Vraag om hulp en stel vragen.
  Dit is een indirecte manier om iemands belang voor je uit te drukken. Het kunnen bieden van hulp, informatie of advies kan ons het gevoel geven dat we ertoe doen, dat we belangrijk zijn, en kan zelfs een gevoel van macht geven. Macht en het hebben van controle (zonder dat er verantwoordelijkheid mee samenhangt) ontspant ons en roept automatisch volgzaam gedrag op.

- Wees nieuwsgierig.
  Gebruik je eigen analytische geest en je nieuwsgierigheid om anderen te ontspannen. Raar, maar we blijken iemand sympathieker te vinden naarmate we in een gesprek langer aan het woord zijn geweest. We zijn zelf aan het woord en vinden de ander slim en betrokken. Onze nieuwsgierigheid kan de ander dus ontspannen.

- Maak contact en kijk iedereen aan.
  Van beroemde en populaire sprekers als Bill Clinton, Nelson Mandela, Margaret Thatcher en Oprah Winfrey is bekend dat zij iedereen in de ruimte lijken te zien. Zelfs als er heel veel mensen zijn. Zelfs als het buiten is. Ik sprak ooit met iemand die vanuit haar werkkamer in het Greenpeacegebouw hoog aan de Lindengracht in Amsterdam een boottocht zag van Nelson Mandela. Duizenden mensen langs de kant en hangend uit ramen. Zij wist zeker dat hij haar gezien heeft. Oogcontact wordt nogal eens verward met naar iemand kijken. Train jezelf om te kijken tot de ander jou ook ziet. Bij grote groepen en op afstand markeer je groepjes mensen en pik je er een gezicht uit. Kijk

die ene man of vrouw echt aan. De mensen om hem of haar heen hebben het gevoel dat je hen aankijkt.
En:
Hóe je je ook concentreert en waar je ook kijkt als je je concentreert, train jezelf om in stilte na te denken en alleen te spreken als je oogcontact hebt.

- Geef naar behoefte.
  Geef aandacht, zorg, liefde, bewondering, veiligheid en verrassingen op maat. Bedenk wat de ander blij maakt en ontspant. In het Model van Invloed zie je dat iemand ontspant, als aan zijn behoeften tegemoetgekomen wordt. Wat u niet wilt dat u geschiedt, doe dat ook een ander niet… Helaas! Dit klopt wel voor sancties, maar niet voor ontspannen en verleiden. Geef niet waar je zelf behoefte aan hebt: een vis vang je niet met bonbons. In zijn boek *Masterflirt* geeft Tijn van Ewijk verrassende en beproefde versiersuggesties. Hij adviseert ons zelfs een andere aanpak voor mannen en vrouwen. Hij stelt dat vrouwen verleid worden door praten en geheimen vertellen, mannen door bewondering.
  Van Van Ewijk komt de metafoor van de vis: om een vis te vangen gebruik je wormen. We houden zelf niet van wormen, maar geven de vis wat hij wil. Met bonbons zouden we niets vangen. Goed punt. En waarom zouden we het alleen goed doen bij vissen?
  Wil je de ander ontspannen, leef je dan in, beheers je en geef alleen dat waar de ander behoefte aan heeft.

- Vertel geheimen.
  Geef de ander de kans toe te treden tot een elite die op de hoogte is. Creëer schaarste en leg uit waarom hij of zij dit mag weten.

- Neem iedereen serieus: vraag liever om een mening dan om een vraag.
  Als je een presentatie geeft of een advies, kondig dan van tevoren aan dat je benieuwd bent naar ieders mening of advies. We voelen ons natuurlijk belangrijker als ons gevraagd wordt naar een mening of advies dan wanneer we 'vragen mogen stellen'.
  Kijk naar iedereen in de ruimte en niet alleen naar de beslissers. Wees geen robot, laat je afleiden. Wij blijken het chic en ontspannend te vinden als iemand die aan het woord is ontspannen reageert op zorg en aandacht.

- Gebruik lage-statusgedrag voor bewust verleiden.
  Gedraag je non-verbaal 'kleiner' dan de ander. Stel je fysiek bescheiden op. Onder de tips voor ontwapening noemde ik al lage-statusgedrag. Lage-statusgedrag is het gedrag dat hoort bij een 'dienaar'. Het is ook logisch in een bepaalde context. Iemand die zijn lage status bewust gebruikt, is bijvoorbeeld een ober in een restaurant. Het past in de sociale context als je wilt dat de ander zich een held gaat voelen, zoals een gast in een restaurant of een klant in een winkel. Hoge-statusgedrag van winkelpersoneel is voor klanten horkerig en ongepast. In Nederland is dit gedrag meer gebruikelijk dan bijvoorbeeld in België en, zeker, de Verenigde Staten.

Wat is een verleidelijke houding? Een symmetrische houding drukt respect uit. Het hoofd meer naar beneden (kin op de borst) of in de nek. Niet te dichtbij komen en afwachtend zijn.

- Verleidelijke stem (zie ook de tips op pagina 80 en verder):
    - zachte stem;
    - hoog bereik;
    - vragende zinseinden (zinnen die aan het einde omhoog gaan).

- Geef je fouten toe en vraag om vergeving.
  Maak je excuses, maar wel als held. Wees eerlijk en geef je fouten toe. Maar laat niet je hoofd hangen. Want hoewel we graag de weldoener zijn en graag een oordeel over iemand vellen, hebben we maar weinig sympathie voor een slachtoffer.
  Lever naast je excuses dus ook de belofte dat het niet vaker zal voorkomen en lever zo mogelijk inhoudelijk bewijs hoe je dat gaat realiseren.
  Voorbeeld: *Ja hoor eens, die deadline stond veel te vroeg!*
  Eerlijk: *Het spijt me dat ik alles niet voor de afgesproken deadline heb ingeleverd.*
  Liever extra: *Het spijt me dat ik niet alles voor de afgesproken deadline heb ingeleverd. Dat laat ik niet weer gebeuren. In het volgende traject zullen we voor de deadline klaar zijn, want ik kan zowel Saskia als Frits een dag per week inzetten.*

Hoofdstuk 5 De Wet van de Koning
Overtuigen als autoriteit

Als straf voor mijn minachting voor autoriteit
heeft het lot mijzelf een autoriteit gemaakt.
Albert Einstein

De tweede stijl voor overtuigen, een autoriteit zijn. Je gaat met het recept van de huisarts naar de apotheek/laat bij de APK je remschijven vervangen ook al weet je niet eens waar ze zitten. Iemand die je als autoriteit beschouwt, geloof je omdat die *weet hoe het zit*. Je stopt met nadenken. Het fenomeen dat je later in de auto weet wat je had willen zeggen... Hoe slim en kritisch ook, bij een autoriteit worden we volgzaam. Zonder dat we het inhoudelijke betoog van de ander expliciet nagaan of logische tegenargumenten gaan bedenken. Denk aan je huisarts die je oordruppels voorschrijft.

Hoe reageren we op autoriteit? Doorgaans volgzaam. De voorbeelden in onderzoeken zijn overweldigend. We zijn niet altijd zo verstandig en kritisch als we zouden willen. We blijken gevoelig voor titels, kleding en spullen als auto's en horloges. Ook in deze tijd, ook wij Nederlanders. Ook zijn we gevoelig voor fysieke verschijning. Iemand die ontspannen beweegt, geloven wij eerder, zoals wij ook eerder iemand geloven die zijn of haar stem in de laagte gebruikt.

Denk aan het volgzame gedrag in het voorbeeld van de Tenerife-ramp. Hier volgt een 'try-this-at-home'-experiment dat je zelf kunt doen. Wat je nodig hebt zijn twee auto's, bij voorkeur een kleine, vijftien jaar oude boodschappenauto en je nieuwe glanzende Bentley. In het experiment staat de onderzoeker met een auto voor een rood stoplicht. Als het licht op groen springt, trekt de onderzoeker niet op, maar klokt met de secondewijzer hoe lang het duurt voordat degene in de auto achter hem claxonneert. Dit experiment is gedaan in San Francisco in 1968; bij een oude auto toeterden alle mensen in de opvolgende auto of duwden de auto van de onderzoeker zelfs op. Bij een dure auto wachtte 50 procent zonder claxonneren af. Kennelijk denken we dat iemand in een grote of nieuwe auto weet wat hij of zij doet.

Er is een nadeel aan het voordeel van geloofwaardigheid. Risico's kunnen zijn dat je afstand schept (jij hebt niemand nodig), dat mensen minder actief worden (jij hebt toch de leiding), of dat je als arrogant ervaren wordt (te heftig of niet passend imponeergedrag). Om deze nadelen te omzeilen combineer je de Wet van de Koning met de Wet van Clinton: overtuigen als autoriteit én als vriend samen.

Overtuigen als autoriteit wordt in de retorica 'ethos' genoemd: invloed krijgen doordat mensen jou geloven. Ethos is ook het ongrijpbare: autoriteit, leiderschap en charisma. Cruciaal in verkiezingen, maar ook in sollicitaties, vergaderingen en adviesgesprekken. Hoe werkt dit fenomeen? Het gaat simpelweg om drie zaken. Simpel maar niet eenvoudig: het gaat precies om die drie aspecten van invloed die je hebt als je ontspannen bent maar die je verliest als het spannend wordt: overwicht, doelgerichtheid en autonomie.

5.1 Overwicht
De Regel van de Keukentafel

In zijn boek *Impro* beschrijft Keith Johnstone welk gedrag wij laten zien en welk effect ons gedrag heeft op een situatie. Hij beschrijft gedrag in termen van hoog- en laag-theatrale status. Hoge-statusgedrag is het gedrag van iemand die doet alsof hij thuis is en de eigenaar van de ruimte is. Vergelijk het met het gedrag van een 'koning'. Lage-statusgedrag is het gedrag dat past bij iemand die niet thuis is en zich te veel voelt in de ruimte. Denk aan het gedrag van een 'knecht' of 'dienaar'. Mensen met overwic[illegible] ontspannen uit. Ze doen alsof ze thuis zijn [illegible] rienden. Ontspannen non-verb[illegible]

	Hoge-statusgedrag	Lage-statusgedrag
Houding	Rechtop, kin omhoog	In elkaar, kin omlaag
Hoofd	Stil	Knikken
Beweging & tempo	Rustig – langzaam (ook om sexy te zijn overigens; zoals Mae West zei: 'To be sexy, slow down everything you do...')	Versneld of verstrakt
Gebaren	Ruim, afmaken	Klein
Initiatief	Bepaalt de regels, initiatiefnemend	Volgend
Plek in de ruimte	Goed zichtbaar, centraal	Ver weg, aan de kant
Oogcontact	Rustig oogcontact	Kort oogcontact of vermijdend

Tabel 5.1 Kenmerken van hoge- en lage-statusgedrag

1. De sociale context bepaalt de verwachting en de indruk

De sociale context bepaalt wat we normaal vinden. Van een ober in een restaurant verwachten we lage-statusgedrag: zachte stem, een gedempte en vragende toon, beheerst en vormelijk gedrag. Ook werkt het omgekeerd zo dat ons gedrag de sociale setting definieert: hoe meer een ober laag statusgedrag laat zien, hoe meer machtsafstand tot de gasten, hoe voornamer het restaurant.

Zoals we lage-statusgedrag verwachten van een ober, verwachten we hoge-statusgedrag van iemand die aan het woord is. We vinden het kennelijk beter passen bij iemand die spreekt. En hoe meer mensen luisteren, hoe sterker dat non-verbale gedrag moet zijn. Als jij praat, krijg je door de luisteraar(s) de hoge-statuspositie verleend. We kijken graag naar een koning. Hoge-statusgedrag associëren we ook met iemand die autoriteit heeft. Het is het gedrag van een koning, dat in onze overtuiging past bij iemand die de baas is.

2. Maar wat gebeurt er onder stress?

In het eerste deel heb je kunnen lezen hoe wij reageren op een situatie die voor ons stressvol is: afhaken als we laagbetrokken zijn, vechten, vluchten of bevriezen als we hoogbetrokken zijn. En dat vertaalt zich één-op-één in statusgedrag. Wij zijn psychologisch-biologisch zo gebouwd dat wij lage-statusgedrag laten zien als we angststress voelen. Omgekeerd is het zo dat wij meer hoge-statusgedrag vertonen als we ontspannen zijn.

Stel je een continuüm voor van gedrag. Stel je voor dat uiterst links 'knechtengedrag' staat en uiterst rechts 'koningengedrag'. Iedereen zit ergens op dat continuüm. De een vertoont sowieso meer koningengedrag dan de ander. Maar je hebt een eigen bandbreedte, waarbinnen je opschuift per situatie, afhankelijk van hoe je je voelt.

Onder angst schuiven we dus op naar knechtengedrag. Dat herken je misschien van jezelf. Stel, je bent gespannen omdat je een belangrijk advies moet gaan uitbrengen of omdat je een presentatie gaat geven. Tien tegen één ga je je meer haasten, vluchtiger oogcontact maken, je stem gaat omhoog enzovoort. Je gaat, zeg maar, harder werken en meer je best doen. Ofwel, zoals in het Model van Invloed: vechten, vluchten of bevriezen, verstrakken.

1 + 2 = eureka!

Als een spreker lage-statusgedrag vertoont, geeft dat een ongemakkelijk gevoel bij de kijker. Misschien weet je nog dat je college kreeg van een hoogleraar of een presentatie bijwoonde van een spreker die zenuwachtig bewoog of juist verstarde en herinner je je hoe jij je toen voelde. Het blijkt een universeel gevoeld sentiment: plaatsvervangende schaamte.

Ons gevoel hangt dus samen met onze verwachtingen. Zoals we van een ober lage-statusgedrag verwachten, vinden we hoge-statusgedrag vanzelfsprekend bij iemand die aan het woord is. Als jij aan het woord bent, krijg je de hoge-statuspositie verleend. Hoge-statusgedrag is dan normaal. Mensen vragen vaak of dat niet arrogant overkomt. Maar het voelt juist vreemd als je dat gedrag dan níet vertoont. Het is schaamtevol en gek om iemand aan het woord te zien die zijn hoge-statusrol niet 'pakt' als dat wel past in de situatie. Het is ook iets dat in onze overtuiging past bij een minister-president. In zijn eerste tijd als minister-president kreeg Jan Peter Balkenende veel kritiek op zijn optreden. Kapsel en bril kwamen ter discussie. Maar kapsel en bril zijn irrelevant bij hoge-statusgedrag. Niemand heeft ooit het kapsel van Ben Bot ter sprake gebracht. We willen Jan Peter Balkenende zien handelen als een koning. Het is gek om een minister-president zijn best te zien doen en lage-statusgedrag te zien vertonen als hij op visite gaat bij zijn Amerikaanse collega. Hoge-statusgedrag is vereist in bepaalde situaties.

Het goede nieuws: imiteer jezelf als je ontspannen bent

Je hoeft nooit meer iemand te imiteren, behalve jezelf als je ontspannen bent.

In de sportwereld wordt dit met succes gebruikt. Gedraag je als de winnaar en je gaat je zo voelen. Niet alleen om de tegenstander te imponeren, maar ook omdat je zelf gaat beleven dat je sterker bent dan de ander. In de toneelwereld heet dit 'fysiek acteren'. Bij fysiek acteren ga je van buiten naar binnen. Je neemt een bepaalde houding aan en gaat je conform die houding voelen. Het is net alsof je je kamer inricht voor een feestje. Kaarsen en muziek als fysieke voorwaarde geven je een feestelijker gevoel. Zoals Simon Groen, lichaamstaaltrainer, zegt: 'Je trekt een sinterklaaskostuum aan en je voelt je Sinterklaas.'

Het goede nieuws is dat je dus niet ver hoeft te graven. Als je een krachtige houding aanneemt, ga je je krachtig voelen. Dit heet het 'James-Lange-effect', naar de eerste twee onderzoekers die hierover schreven. Het betekent ook dat je bij een sterke houding rust krijgt, maar ook positiever denkt en actievere taal gebruikt. Als je stress voelt, bedenk dan wat je zou doen en hoe je het zou zeggen als je ontspannen was of met vrienden.

Tips voor overwicht

- Doe alsof je thuis bent.

  Als je aan het woord bent, gebruik dan hoge-statusgedrag en doe alsof je thuis iets aan de keukentafel vertelt of aan vrienden. Hoe meer mensen naar je luisteren, hoe meer ruimte je moet innemen.

  Maar let op: als je gespannen bent, vertoon je tien tegen één lage-statusgedrag. Doen alsof je je op je gemak voelt, werkt dan niet.

- Stel je jezelf voor dat je succesvol bent en je krachtig voelt. Wil je een krachtige indruk maken, dan kun je ook voor een andere methode kiezen. Naast het fysieke acteren bestaat het 'psychologisch acteren'. Bij psychologisch acteren ga je juist van binnen naar buiten. De acteur probeert zich zoveel mogelijk in te leven in de persoon die hij of zij wil spelen. En gebruikt dan eigen emoties en ervaringen om het spel zo echt mogelijk te maken. Deze 'method acting-methode' is beroemd gemaakt door Konstantin Stanislavski. Dit is de methode die Al Pacino, Meryl Streep en Robert de Niro gebruiken.
  Deze methode wordt bij neurolinguïstisch programmeren gebruikt: je inleven in een succeservaring uit het verleden of die in de toekomst voorstellen – hoe voelde ik me toen ik succesvol was. Maak jezelf schaars.

- Maak jezelf schaars.
  Wees 'hard to get'. Alles willen doen voor iedereen, altijd een opendeurbeleid voeren, kan contraproductief werken. Als mensen iets meer moeite voor je aandacht moeten doen, zullen ze dat wat je zegt ook op hogere waarde schatten.

- Noem een reden. (Priming)
  Een reden blijkt ons te imponeren en deuren te openen, zelfs een onzinnige reden.
  Bij het kopieerapparaat: *Mag ik even voor?*
  Beter: *Mag ik even voor, want ik moet kopiëren.*
  Of: *Mag ik even voor, Harry wacht op mij.*

- Praat vanuit overzicht.
  Scheid inhoud, procedure en proces. Het proces is alles wat speelt en niet gezegd wordt, dus ook dat waar invloed zich manifesteert. De procedure is hoe de communicatie hoort te lopen in die situatie, de set aan regels die gelden. Zo gaat beurtneming in een gesprek anders dan in de dealingroom. Benoem het proces, dat wat speelt en niet gezegd wordt en doe daarna eventueel een procedurevoorstel.
  Onze resultaten hier hangen natuurlijk samen met de kredietcrisis in de Verenigde Staten en onze gelijktijdige opstart in China...
  Ik heb het idee, Fred en Ans, dat jullie het eens zijn met het algemene beleid, maar niet met punt vier van de financiële paragraaf. En dat jullie daarop een ander bezwaar zien dan Theo. Ik ben benieuwd of dit klopt. Ik stel voor dat we...
  Volgens mij praten we nu langs elkaar heen. Zullen we even kijken tot waar we het nog eens zijn?

- Leg verbanden en gebruik metaforen of spreuken.
  Daardoor geef je je redeneringen de kwaliteit van een universele waarheid. Zie ook paragraaf 8.1.
  Het is net zoals met...
  Je kunt dit vergelijken met onze strategie voor 2010...
  Wat had je me nu gisteren beloofd? Annelies, kom op nou. Een man een man, een woord een woord.

- Gebruik autoriteit-uitstralende accessoires.
  Wij blijken gevoelig voor accessoires die iemand bij zich draagt, vanzelfsprekend passend bij je doel en de perceptie van de ander. Wat wil je benadrukken aan jezelf? Bedenk

welke autoriteit je uitstraalt, bedenk of je wilt dat anderen je machtig moeten vinden, inventief, slim of populair. In tabel 5.2 wat ideeën over hoe je die specifieke autoriteit kunt uitstralen.

Autoriteits-type	**Accessoires**	**Geschikt om indruk te maken als:**
Machts-autoriteit	Grote auto, verzorgd uiterlijk, maatpak, donkere pakken, witte blouse/over-hemd, rode stropdas, hooggesloten, weinig huid, veel personeel, persoonlijk assistent, speechschrijver, persoonlijke coach, chauffeur, sobere make-up en sieraden	Leider, politicus, zakelijk woordvoerder, diplomaat, manager
Creativiteits-autoriteit	Onconventionele keuzes, hoornen bril als iedereen Silhouette draagt, hybride auto in een wagenpark met Audi A6, early adapter, de nieuwste gadgets of het juist niet gebruiken van gadgets, onconventionele haardracht, make-up, tassen	Stoere collega, architect, ontwerper, creatieve goeroe, trendwatcher
Specialistische autoriteit	Stijl passend bij het beroep, bijvoorbeeld gestileerde nerdie en casual look, zelfontwikkelde gebruiksvoorwerpen of betrokken via andere specialisten	Specialist, programmeur, inhoudelijk woordvoerder
Populariteits-autoriteit	Referenties, kleding eigen stijl of juist conform peers	Politicus, collega
Betrouw-baarheids-autoriteit	Rapporten, referenties, benchmark-onderzoek, sobere kleding, degelijke auto, bekenden	TNO, NIPO, CBS

Tabel 5.2 Autoriteitstypen

- Gebruik je overtuigende stem: De stem van Obama.
  Zoals je al kon lezen onder de Wet van Clinton, kun je gebruikmaken van je stem om mensen te beïnvloeden. Uit sociolinguïstisch onderzoek weten we welke sprekers geloofwaardig en overtuigend gevonden worden. Iemand met een lage stem vinden wij overtuigend, een leider, gezond en volwassen. Toen Margaret Thatcher de politieke arena betrad had zij een hoge stem. En een wat rommelige kledingstijl. Ze kreeg een restyling. Maar wat haar echt succes bracht, is dat ze haar lage stem heeft leren gebruiken. En de stem van Obama is natuurlijk cruciaal voor zijn succes en charisma. Wat hij zegt krijgt een enorme impact door zijn lage baritongeluid; hoe hij zijn stem gebruikt. Hieronder stemtechnieken die ik mensen leer om overwicht uit te stralen.

  Gebruik je lage bereik
  Een stem om anderen te imponeren en te ontspannen is je stem in het lage bereik. Als je zelf actief en hoogbetrokken bent, heb je de kans dat je stem omhoog gaat. Dit associeert de ander intuïtief met stress en zal hem of haar in verzet brengen. Overtuigen wordt dan moeilijk. Misschien herinner je je het artikel in NRC *Handelsblad* van een paar jaar geleden met de volgende kop: 'Degene met de laagste stem krijgt altijd gelijk in een vergadering'. Dat is bijna waar. Vrouwen hebben gemiddeld een spreektoonhoogte van 200 hertz (trillingen per seconde), mannen van 100 hertz. Dat zou betekenen dat zij altijd gelijk krijgen in een gesprek met een vrouw, maar het ligt net iets subtieler. Degene die zijn stem het meest gebruikt in het lage bereik krijgt gelijk: man of vrouw.

Zet punten
Veel mensen spreken doorlopend in hun hoge bereik en eindigen hun zinnen vragend. Laat je melodie zakken aan het einde: zet punten na een zin.

Zeg weinig
Wij associëren stiltes met autoriteit en leiderschap. Spreek weinig, houd lange pauzes, spreek langzaam en gebruik korte zinnen. Benadruk maar één woord in een zin.

5.2 Doelgerichtheid
De Regel van Thatcher

Wat maakt iemand tot een leider? Iemand die wij willen volgen? In een onderzoek naar leiderschap in de jaren tachtig werden 77 leiders geïnterviewd. De onderzoekers waren benieuwd wat een leider tot een leider maakt. Ze vroegen zich af wat deze personen met elkaar gemeen hadden. Het ging om mannen en vrouwen met uiteenlopende beroepen – politici, directeuren, dirigenten – maar allemaal hadden ze mensen die hen typeerden als leider en achter al deze 77 personen was een groep mensen die hen volgde. Drie kenmerken bleken ze met elkaar gemeen te hebben: hun doelgerichtheid, hun onbekendheid met falen en ten derde hun vermogen om anderen zich goed te laten voelen over zichzelf.

Deze drie elementen zie je terug bij een van de spraakmakendste Europese leiders van de vorige eeuw, Margaret Thatcher. Zij was de eerste vrouwelijke premier van het Verenigd Koninkrijk, van 1979 tot 1990. Ze werd tweemaal herkozen, in 1983 en in 1987, en regeerde als premier uitzonderlijk lang, ruim elfenhalf jaar.

Doelgerichtheid

Je hele wezen en al je acties zijn gericht op de verwezenlijking van het doel. Kennelijk volgen we graag iemand die weet waar hij of zij op uit is.

Thatcher wist wat ze wilde en was glashelder over het doel en haar vastberadenheid. Respect of consensus waren niet interessant. Ze zei ooit: 'You may have to fight a battle more than once to win it', en: 'Jezelf de discipline opleggen om dat te doen wat goed en belangrijk is, is, hoewel moeilijk, de juiste weg naar trots, zelfrespect en persoonlijke bevrediging'. In 1975 daagde ze, tegen alle opinies en verwachtingen in, Edward Heath uit als leider van de Conservatieve Partij omdat zij vond dat hij niet doortastend genoeg was. Ook keek ze met dedain naar mensen die in haar ogen niet actief genoeg waren of nauwelijks initiatief namen: 'Others could have come forward, the funny thing is, they didn't'. Toen Argentinië de Falklands bezette, bedacht ze zich geen dag en greep ze direct in.

Onbekendheid met falen

Hiermee wordt bedoeld dat falen voor jou als concept niet bestaat. Dat er iets misgaat beschouw je als onvermijdelijk en als niet meer dan een voorval dat vraagt om een nieuwe beslissing. Je blijft gecommitteerd aan het doel; eventueel heb je van je ervaring geleerd en probeer je iets nieuws. Denken aan falen of aan jezelf twijfelen is niet aan de orde. Stel je een cheeta voor die jaagt op een antilope. Stel je nu voor dat de antilope na twintig minuten ontsnapt. Geen cheeta die daarna op een steen gaat zitten nadenken waarom hij zijn dag niet heeft. Even hijgen en opnieuw jagen.

Margaret Thatcher leek te floreren bij tegenslag. De mijnwerkersstaking drukte ze met kracht de kop in. Ze werd alleen maar strijdlustiger naarmate de weerstand verhevigde. Er gingen stemmen op bij de oppositie en binnen de partij dat ze een U-bocht ('U-turn') moest maken in haar beleid. In haar beroemd geworden speech zei ze hierop, droogjes en met gevoel voor humor en understatement: 'I have only one thing to say, You ('U') can turn if you want to, the lady is not for turning...'

Anderen zich goed laten voelen over zichzelf

Als je mensen belangrijk maakt, werken ze veel harder met je mee. Denk ook aan de Onderhandelregel van Sadat.

Thatchers trots, haar warsheid van opsmuk en regels en haar gevoel voor humor maakten de Britten weer trots op Engeland en ontwapenden haar tegenstanders, die zich vaak tandenknarsend (en glimlachend) gewonnen gaven: 'You can't argue with her, so you give in...'

Over de verhoudingen in het kabinet: 'I don't mind how much my Ministers talk, so long as they do what I say'. In een speech die ze gaf in 1996, aan het Westminster College, dreef ze de spot met zichzelf en haar imago, én bevestigde ze tegelijk het grote belang voor Engeland van de goede verhouding met de Verenigde Staten...

Toen mijn geachte voorganger precies vijftig jaar geleden zijn Fultonspeech hield, reisde hij hierheen met de trein in gezelschap van de president van de Verenigde Staten. Onderweg speelden ze poker om de tijd te doden. En de president won 75 dollar... Een heel bedrag... Maar in het licht van het historische belang van zijn speech schreef Sir Winston Churchill later dat zijn verlies een van de beste investeringen van zijn leven was geweest. Ik ben niet met de trein gekomen; en evenmin in het gezelschap van de president van de Verenigde Staten; ik heb ook niet gepokerd. Daar heb ik niet het goede gezicht voor...

Tips voor doelgerichtheid

- Maak heldere keuzes.
  Beter één doel dan drie; beter drie dan vijf. Stel jezelf een doel en committeer je daaraan. Niet buigen.

- Falen bestaat niet.
  Fouten zijn geen optie. Als iets misgaat, is dat hooguit een aanleiding voor een nieuwe beslissing.

- Zorg voor een helder verhaal over wat je wilt.
  Spreek over je doel als een vanzelfsprekend resultaat en draag het herhaaldelijk uit.

- Presenteer plannen als feit. (Priming)
  Ik stel voor dat we...
  Liever: *We gaan...*

- Durf fouten te maken.
  Vertrouw op je eigen koers en vraag geen goedkeuring, calculeer weerstand in.
  Je kunt alleen leren als je fouten maakt. Mensen die respect nodig hebben, krijgen het niet. Mensen die geen respect nodig hebben, krijgen het. Eerst doen, daarna kun je altijd nog zien of het mag.

5.3 Congruentie & autonomie *De Regel van Cruijff*

After two years in Washington,
I often long for the realism and sincerity of Hollywood.
Fred Thompson (senator en acteur)

Johan Cruijff over voetbal, majoor Bosshardt als majoor van het Leger des Heils over goede doelen, koningin Beatrix als koningin, Christiane Amanpour als verslaggever. Alles klopt aan deze mensen. Precies doen waar je goed in bent maakt je overtuigend. Niet doen wat hoort, maar je eigen koers varen. Niet de tekst van een ander, maar je eigen verhaal.

Johan Cruijff is natuurlijk Nederlands beroemdste voetballer ooit. Na zijn carrière als voetballer en trainer is hij nu als voetbalanalist minstens even legendarisch om zijn uitspraken. Uitspraken als: 'Italianen kennen niet van je winnen, maar je ken wel van ze verliezen'. Martin Simek zegt over zijn eigenheid en logica: 'Toen hij 's werelds beste voetballer was geworden, kwam hij in de hoogste kringen terecht. Het is niet eens in hem opgekomen om zich aan die kringen aan te passen. Hij zegt wat hij te zeggen heeft, blijft zichzelf en dribbelt menige intellectuele gesprekspartner gemakkelijk voorbij. Is dat toeval? Ja en nee. Want toeval is logisch, zoals Cruijff zegt.' Alles wat Cruijff doet, wat hij zegt en waar hij over lijkt na te denken, is voetbal. Alles klopt en hij valt samen met wat hij zegt: hij is congruent. Ook als wij hem niet snappen: als híj praat over voetbal, wordt naar hem geluisterd.

Congruentie ontspant. Een goed voorbeeld van congruentie is de transformatie van Al Gore tussen 2000 en 2006. In 2000 als presidentskandidaat deed hij zijn best om zich zo perfect mogelijk te presenteren. Hij distantieerde zich zelfs van de man onder wie hij vice-president was, Bill Clinton. Hij moest George W. Bush voor laten gaan.

In 2006 verbaasde hij de wereld met zijn film *An Inconvenient Truth*. Zijn boodschap was helder en hij leek volledig doordrongen van die boodschap – het versterkte zijn autonomie. Ook zijn zelfspot maakt hem nu sterk: 'I'm Al Gore, I used to be the next president of the United States…' De film kreeg in 2007 een Oscar voor Beste Documentaire, heeft enorme impact gehad in de discussie over CO_2-reductie en leverde Al Gore zelfs in 2007 de Nobelprijs voor de Vrede op. Ineens klopte alles en werd er geluisterd.

De meest bekende Artist & Repertoire Manager van Nederland is ongetwijfeld Henk Jan Smits. Als ontdekker en carrièrearchitect van artiesten heeft hij bewezen te kunnen zien wat een band of zanger(es) succesvol maakt. Hij werd bij het grote publiek bekend als juryvoorzitter van het televisieprogramma *Idols*. In het programma wordt zelfbenoemd zangtalent gescreend en gecoacht. Uit de duizenden die zich aanmelden wordt uiteindelijk de artiest met de meeste kans op succes gekozen tot het nieuwe idool. Henk Jan heeft Nederland kennis laten maken met het begrip 'X-factor'. In zijn bewezen optiek kan iemand pas succesvol zijn als hij of zij zichzelf is (autonoom). Ook Henk Jan zelf wordt bewonderd en verguisd om zijn eigen stijl van jureren, authentiek en ongeveinsd, dus ook met niet sociaal wenselijke reacties. Ongewoon in polderend en consensusminnend Nederland.

Tips voor congruentie & autonomie

- Doe niet wat hoort, doe dat wat je uniek maakt.

- Zeg dingen die je gelooft.
  We hebben een radar voor oneigenlijk en onecht gedrag. Geloofwaardigheid start met geloven in wat je zegt. Momenteel staat deze visie over authenticiteit volop in de belangstelling en wordt breed gedragen. Gekunsteld zijn is 'uit' en contraproductief als je mensen wilt overtuigen.

- Excelleer met je unieke talent.
  Gebruik je talent, maak het groter. Gebruik talenten die jou onderscheiden en laat ze zien. Steek geen energie in dingen die je niet kunt of niet bij je passen. Steek er ook geen energie in om dingen af te leren. Zoals je fietsen ook niet kunt afleren, heeft ook gedrag afleren geen zin. Je hebt het kennelijk ooit nodig gehad en het heeft je gebracht waar je nu bent.

- Verras en heb lef.
  Wees chic en wellevend, maar gebruik je lef. *Brave meisjes komen in de hemel, brutale overal.* Doe niet keurig wat mensen verwachten, maar wees autonoom, zonder je goede manieren te verliezen.
  Voorbeeld: als je wilt invoegen op de snelweg, kun je je auto ertussen schuiven. Chiquer en daarmee succesvoller is eerst oogcontact maken, vriendelijk knikken en zwaaien, weer knikken (dank je wel!) en dan invoegen.

- Als je een presentatie geeft:
  1. Gebruik je eigen voorbeelden, gebruik echte verhalen.
  2. Kies een eigen vorm, eigen stijl (gebruik een filmfragment, als iedereen werkt met foto's).
  3. Regisseer je publiek, bijvoorbeeld door hen te laten 'kiezen' hoever je op onderwerpen ingaat.

  Zoals Prins Claus der Nederlanden in een presentatie destijds ten eerste zijn stropdas afdeed (non-conform de heersende dracht) en vervolgens het publiek regisseerde toen hij vroeg of ze de lange of de korte versie van zijn speech wilden.

- Wees überkoning.
  Waak ervoor om je machtspositie of autoriteit te benadrukken. Machtsafstand of dreigende sancties kunnen op korte termijn en ter plekke instemming creëren, maar op lange termijn demotivatie en politiek buiten jou om. Liever dan autoriteit benadruk je laagdrempeligheid, jullie gelijk-

heid of vriendschap. Verlies nooit je controle en hoffelijkheid; blijf wellevend en mild.

Hoofdstuk 6 De Tao van Top Gear
Overtuigen als voorbeeld

When I'm good I'm very good, but when I'm bad I'm better.
Mae West

Deze wet gaat over de derde stijl voor overtuigen. Een voorbeeld zijn. Cool, stoer, origineel, uniek, een held. Net als ik ook wel eens 'goeiesmoges' gezegd net als Jos uit debiteuren/crediteuren? Een Che Guevara-poster of -T-shirt gehad? Misschien herinner je je 1989. In zijn oudejaarsspeech sprak Youp van 't Hek over Buckler-drinkers. Heel Nederland stopte met Buckler drinken. Niet omdat hij een autoriteit op het gebied van bier was, of een vriend, maar hij was wel hip. Voorbeelden creëren volgers. Vraag maar aan goede marketeers. Voorbeelden geloven we, omdat *zij weten wat 'ok' is.*

Misschien wel het leukste televisieprogramma ooit is natuurlijk de Britse lach-of-ik-schietshow *Top Gear*. Ook voor mensen die niet van auto's houden. Wat kunnen we leren van dit programma waarin drie mannen, Jeremy Clarkson, James May en Richard Hammond, praten over auto's? Een programma waarin auto's op het 'Cool & Uncool-bord' worden geclassificeerd met het publiek ('nee, jij komt uit Nederland, dus jij mag natuurlijk niks zeggen')? Waarin een coureur met spiegelende integraalhelm, 'The Stig', auto's test met The Carpenters en Neil Diamond op de achtergrond? En waarin beroemde gasten op een circuit een zo goed mogelijke tijd moeten rijden in een middenklasser, een Liana? Teleac, maar dan geestig.

Wat kunnen we leren van *Top Gear*? Leren anderen ontspannen dus.

6.1 Lef & nieuwsgierigheid *Hoe hard kan ik met deze Murcielago?*

Lef en onverschrokkenheid geven een hoop plezier en maken je stoer en dus aantrekkelijk voor anderen. Enge dingen durven genereert bovendien een hoop adrenaline, waarmee je je lijf een plezier doet en je je prefrontale cortex trakteert op sneller en beter denken. Kijken naar iemand die enge dingen doet heeft hetzelfde effect. Geen lef zonder angst.

Lef om te experimenteren. Bij *Top Gear* staat onderzoek centraal. Onderzoek naar echt wezenlijke dingen. Tot op welke hoogte kun je een Toyota-pick-uptruck laten vallen zonder dat de motor het begeeft? Wat zal er gebeuren als je het gas- en rempedaal van een auto tegelijk volledig indrukt? Wie gaat harder op de ijsbaan, de wereldkampioen schaatsen of een Jaguar XJ V8?

Met uiterste precisie worden de onderzoeken uitgevoerd, vooral door James May. Maar degene die de enge experimenten doet, is Richard Hammond. Hij laat zich met een Peugeot 104 opsluiten in een vrieskist om te zien of mens of machine het eerst opgeeft onder extreme kou. Hij racet ongetraind mee in een bobslee en wil ervaren hoe hard de testauto's echt willen. Najaar 2006 probeerde hij in een Vampire met straalmotor het Britse snelheidsrecord over land te breken en crashte met een snelheid van ongeveer 400 km per uur. Daarbij raakte hij zwaargewond en liep hersenletsel op. Wonder boven wonder heeft hij dit ongeluk overleefd en kwam weer terug in de show.

Vrienden onder elkaar hebben natuurlijk de neiging om elkaar tot het uiterste te testen en de ander te bewijzen dat zij het verst kunnen plassen. Dominantie testen maakt vriendschap sterker. De andere twee drijven Richard Hammond tot het uiterste. Het bijzondere aan hem is ook zijn knulligheid; hij presenteert zich altijd als de underdog en de anderen zijn ook nooit te beroerd om hem af te zeiken ('jij staat in een maillot, dus jou nemen we niet serieus'). Hij is de kleinste, hij heeft grote bambi-ogen en hij laat zien wat hij eng vindt.

Juist de *combinatie van onverschrokkenheid, angst en nieuwsgierigheid* maakt het zo aanstekelijk. Dat hij de risico's snapt, ontspant ons. We kunnen meeleven, vinden hem stoer en we willen meedoen.

Tips voor lef & nieuwsgierigheid

- Stel hoge doelen.
  Ga grote uitdagingen aan en laat anderen weten dat je snapt dat de doelen hoog zijn. Laat weten dat je je realiseert welke risico's je neemt en dat je desondanks gaat.

- Besluiten nemen, ook enge, risicovolle en impopulaire.
Durf knopen door te hakken. Neem besluiten die anderen niet durven nemen. Ga voorop. Doe voorstellen die anderen niet durven doen. Spring hoger dan de anderen. Zonder doel geen winst.

- Geloof in de goede afloop.
Ga niet bij de pakken neerzitten. Denk aan het voorbeeld van de cheeta uit de Regel van Thatcher: 'Ik heb m'n dag niet…' Overanalyseren remt ons. Als iets mislukt, is dat hooguit een aanleiding voor een nieuwe poging of een nieuw besluit.

- Stel zoveel mogelijk vragen.
Bij voorkeur laat je iemand minimaal even lang aan het woord als je zelf spreekt. Geef de ander meer balbezit. Vraag meer dan dat je vertelt. Bijkomend voordeel is dat degene die de vragen stelt als leider wordt ervaren.
Waar heb jij deze auto gevonden?
Wat vind jij van het verloop van dit traject?

- Gebruik sociale bewijslast.
Gebruik de grote aantallen, het gedrag of de mening van een grote groep of meerderheid. Laat weten wie het allemaal met je eens zijn en meedoen. 'Voor Hans hebben we allemaal een tientje in de pot gedaan. Wat geef jij?'

- Stel lastige vragen met permissie of uitleg. (Priming)
We hebben natuurlijk geleerd dat we niet nieuwsgierig mogen zijn en onze neus niet mogen steken in andermans za-

ken. Om lastige vragen te stellen kan het handig zijn om uit te leggen waarom je geïnteresseerd bent of te vragen om permissie.
Jullie zijn al heel ver hiermee. Ik ben benieuwd hoe je dat aanpakt. Wil je me vertellen hoe jij omgaat met…
Jouw haar zit altijd goed, naar welke kapper ga jij?
Ik wil je graag goed begrijpen. Wat vind jij van het verloop van dit traject?
Mag ik jou iets (geks/persoonlijks) vragen? Wachten op ja!

- Stel alleen vragen als je geïnteresseerd bent.
  Als je niet nieuwsgierig bent, heb je een dobber. Nieuwsgierigheid is geen truc. Een vraag die gesteld wordt zonder interesse, klinkt als een syllabus. Denk aan de manager die na een training ineens op je bureau komt zitten en vraagt naar je moeder, terwijl zij nog nooit een blijk van interesse heeft gegeven. Zonder interesse geen werkelijk onderzoek. Graaf dus in jezelf naar dat wat je werkelijk boeit.

6.2 Relativeren
De Regel van Clarkson

Ik draag kleren zodat de mensen mijn geslachtsdeel niet kunnen zien. Ik heb gele tanden omdat ik 100 koppen koffie per dag drink. Ik heb mijn haar voor het laatst gekamd toen ik 12 was, en de laatste keer dat ik een auto heb gewassen was in 1979. Ik zou daarom graag zeggen dat ik een echte man ben, maar diep in mijn hart weet ik dat

dat niet waar is. Want er is een enorm gat achter in mijn haar gekomen en daar maak ik me waanzinnige zorgen om...
Jeremy Clarkson

De inhoud, de zaak en jezelf relativeren helpt enorm om anderen te kunnen ontspannen. Onthecht zijn van je doel, je zaak, je rol en je imago maakt het mogelijk om jezelf en de situatie te overstijgen. Je hebt niets te verliezen, bent ongrijpbaar voor kritiek (want die geef jezelf al) en kunt anderen tegemoet treden zonder vrees of boosheid. Onthecht zijn is een van de krachtigste methoden om contact te maken en ontspanning te brengen.

Jeremy Clarkson is de grote man van *Top Gear*. Niet omdat hij de engste dingen durft (Hammond) of het meeste weet (May), maar omdat hij de leukste grappen maakt en alles en iedereen relativeert. Ook zichzelf. Ook zijn kennis. Hij laat af en toe en schijnbaar achteloos jargon vallen. Elkaar onderling dissen is de sport. Zoals Hammond bij zijn terugkeer in het programma na zijn ongeluk. May: 'Moeten we je nu voeren?' En May door Clarkson: 'Terwijl May de berekeningen doet, gaan wij gewoon vast bouwen.' Britse humor is de leukste omdat Britse humor mensen relativeert, vooral ook jezelf en je eigen positie. Ook andere programma's uit Engeland doen dat. Neem bijvoorbeeld een programma over kleding. In Nederland hadden we *De Modepolitie*; in Engeland *What not to wear*. In beide programma's inhoudelijk ongetwijfeld even sterke stylisten. Maar een totaal andere aanpak. De Nederlandse presentatrices vertelden duidelijk wat gedragen moest worden. Hilarische Trinny en Susannah gingen zelf bloot en lieten hun vetrollen of korte benen zien.

Zelfspot ontspant en maakt je stoer. Relativering en met name zelfrelativering maakt je ook ongrijpbaar voor anderen met kritiek. Vraag het Wouter Bos, Ed van Tijn en Ad Melkert. Mensen die zichzelf serieus nemen zijn een bron van vermaak. Denk aan *Absolutely Fabulous*, *Fawlty Towers* en *Jiskefet*.

Relativerend en losjes omgaan met persoonlijke aanvallen en kritiek is cruciaal om als krachtig leider ervaren te worden. Denk aan Barack Obama in zijn fenomenale speech in Philadelphia in maart 2008. Ten tijde van zijn campagne als presidentskandidaat voor de democraten voor de verkiezingen van 2008, werd hij aangevallen over zijn vriend dominee Jeremiah Wright die zich anti-Amerikaans en segregerend uitliet. In zijn speech distantieerde Obama zich van de inhoud van Wrights uitlatingen, maar niet van zijn vriend.

Gebruik je overzicht en je gevoel voor humor om aan overtuigingskracht te winnen en anderen met je mee te willen laten doen.

Tips voor relativeren

- Neem je rol of de zaak alleen serieus als zodanig.
  Wees er hartstochtelijk bij betrokken, maar vereenzelvig je niet met dat wat je doet, je project, je organisatie, je doel of de mening die je ooit gaf. Jij bent vrij.

- Onthechting: koppel jezelf los van je rol of je zaak.
  Benoem je beslissingen vanuit je rol of het doel en relativeer jezelf daarmee.
  Ik ben een trainer, ik moet jullie vragen wat je denkt dat het is...

Je snapt natuurlijk dat ik dit als Compliance Officer moet afkeuren...
We hebben een heel ander doel nu en ik ben het helemaal niet met je eens. Maandag praten we verder. Zullen we nu even een biertje pakken?

- Reageer ontspannen op persoonlijke aanvallen.
  'Ja, dat snap ik wel'. Eet kritiek op en geef iemand gelijk. Zoals Madonna reageerde op de hijgerige journalist die haar confronteerde met haar naaktfoto's voordat ze doorbrak als zangeres: 'Ja, inderdaad...' en François Mitterand toen journalisten hem 'betrapten' op het hebben van een maîtresse: 'Et alors...?'
  Calculeer in dat er kritiek komt op jou. Natuurlijk komen mensen met kritiek. Je bent niet perfect en hebt geen geheimen. Ga je niet verdedigen, maar ga erop in en zeg dat je de kritiek begrijpt.
  Defensie legitimeert aanval. Een defensieve reactie roept meer kritiek op. Tegen bezwaren ingaan kost goodwill, humeur en tijd. De ander zal altijd willen rechtvaardigen – denk aan het principe van consistentie – waarom hij of zij iets vond. Dat versterkt de barricade, verstart de ander in de opinie en polariseert. Kritiek en bezwaren beamen is efficiënter en krachtiger.
  Ik vind jouw broek uit de mode.
  Defensie: *Nee, mijn broek is helemaal niet uit de mode.*
  Jawel, want ik heb net gelezen dat hoogwaterpijpen uit zijn.
  Nou, geloof jij die onzin...
  Tijdbesparend en krachtiger: *Oké*, of *Ja, dat is ook zo*, of *Je hebt daar ook veel meer kijk op dan ik.*

- Gebruik humor.
  Elkaar dissen, een beetje kietelen, versterkt de band. Wees de nar, de ontregelaar. Zeg wat iedereen weet, maar niet durft te zeggen, met behoud van de relatie uiteraard: 'Ik kan het zeggen want we houden van elkaar.'
  Je kunt humor ook prima gebruiken om argumenten te weerleggen. Dit middel is al uit de klassieke retorica bekend. Een mooi voorbeeld is het schijnbaar instemmen, zoals Cicero dat deed met Fabia, die bij hoog en bij laag volhield dat ze dertig jaar was: 'Dat moet wel waar zijn want dat zegt ze al twintig jaar.'

Deel 4 Stap 2
Betrekken

Leer anderen betrekken. Ontdek wat voor hem of haar belangrijk is en wek interesse voor jouw verhaal.

You don't have to tell an interesting story:
Tell a story interesting.

Hoofdstuk 7 De Wet van Roodkapje
Overtuigen met een goed verhaal

First you get the money, then you get the power,
and then you get the women.
Al Pacino

Hoe krijg je iemand betrokken? Hoe maak je iemand nieuwsgierig? Hoe krijg je mensen op het puntje van hun stoel en laat je ze denken dat iets belangrijk genoeg is om zich erover te buigen?

Je raakt pas overtuigd als je je er iets bij voorstelt. Je raakt pas betrokken bij iets als het de moeite waard is. Iets wordt echt als wij het voor ons zien of ons er iets bij kunnen voorstellen. Pas als je je iets kunt voorstellen, ga je namelijk iets beleven, iets voelen. Als je een film of een foto voor je ziet of als je je inleeft hoe iets klinkt, proeft, voelt of ruikt, wordt het echt.

Dé manier om mensen te overtuigen is ze iets te laten beleven. Dat doe je door een verhaal te vertellen. De beste speeches zijn opgebouwd als verhalen. Het grote voordeel van een goed verhaal is dat je iemand meesleept, en wel zo, dat iemand zijn opinie tijdelijk verliest en volgzaam wordt. Hier lees je hoe je dat aanpakt.

7.1 Overtuigen & boeien *De Regel van de Wolf*

Perfectie is saai en een verhaal waarin alles op rolletjes loopt ook. Een goed verhaal heeft een *probleem*. Stel je het verhaal van Roodkapje voor zonder wolf – zonder wolf ís er geen verhaal. Wil je een boeiend en overtuigend betoog? Introduceer een probleem.

Succesvolle films, series en programma's danken hun succes aan problemen. *The Lord of the Rings* zou een stuk minder boeiend zijn als de ring de drager ervan niet zoveel ellende zou opleveren. Stel dat de ring in het eerste deel al in 'Middle Earth' valt... De Amerikaanse serie *Friends* is de meest succesvolle sitcom ooit. Tien jaar lang heeft de serie gedraaid. De serie was zelfs zo succesvol dat de zes hoofdrolspelers tussentijds konden bedingen dat ze ieder 1 miljoen dollar per aflevering zouden verdienen. Als rode draad door deze tien jaar liep het probleem van Ross en Rachel: zouden ze elkaar krijgen of niet? Zoals Ludo en Jeanine in *Goede tijden, slechte tijden*. En als de geliefden elkaar dan eindelijk hebben gevonden, duikt steevast een probleem op dat hen uit elkaar drijft.

Neem aan de andere kant een nieuwjaarsspeech van een directeur, die inhaakt op de prachtige prestaties van het afgelopen jaar en de wens uitspreekt dat het dit jaar met dit prachtige stel mensen hopelijk nog beter gaat lukken. Terwijl je een oester wegslikt denk je aan je skivakantie, kijk je rond waar de leukste collega's zijn of zoek je de champagnebar. Nee, boeien vraagt om een probleem. Veel spannender wordt de speech als de directeur in geuren en kleuren ingaat op de obstakels die het team met heldendaden heeft moeten overwinnen.

Een *goed verhaal heeft een probleem dat moet worden opgelost*. De kijker, luisteraar of lezer gaat meedenken en proberen de slimste te zijn. In een prikkelend college laat een docent ons raadsels of dilemma's oplossen.

Je kunt de in tabel 7.1 weergegeven structuur gebruiken die daarin standaard voorziet.

S ituatie	Gewenste situatie (huidige/eerdere)
O bstakel	Obstakel tot de gewenste situatie (probleem)
A anpak	Mogelijke oplossingen, maatregelen, ideeën, stappen (liefst in trikolon: in drieën)
P lan	Concreet voorstel (bijvoorbeeld beste uit A, vraag om besluit)

Tabel 7.1 SOAP-structuur van overtuigen

In tabel 7.2 een voorbeeld waarin dit format succesvol gebruikt is, een fragment uit een tv-toespraak van president George W. Bush in september 2007. In die toespraak meldde hij dat door de troepenuitbreiding een verbeterde situatie tastbaar was in de Irakese provincie Anbar. Zijn generaal ter plaatse, Petreaus, meldde eerder die week al de vooruitgang die het Amerikaanse leger in Anbar had geboekt. Bush noemde een aantal voorbeelden van successen, waaronder de vastberaden reactie van Soennitische bondgenoten van Amerika in Anbar. Hij zei:

S ituatie	'We hebben succes in de provincie Anbar…'
O bstakel	'De mensen in Anbar besloten dat ze niet langer wilden leven onder een regering van moordenaars…'
A anpak	'Dus wat hebben ze gedaan? Ze zijn tegen hen opgestaan, ze hebben hun wapens opgenomen en ze hebben om onze steun gevraagd…' (trikolon)
P lan	'En die hebben we gegeven en we zijn succesvol…'

Tabel 7.2 SOAP-structuur van overtuigen, ingevuld door George W. Bush

De structuur biedt een helder verhaal, het probleem en een oplossing erin bieden betrokkenheid. Maar het meest betrekkend, namelijk optimistisch, is dat je voor de S de *gewenste* situatie neemt in plaats van de huidige en bij de O datgene dat ons nog rest tot de gewenste situatie. Een voorbeeld:

S ituatie huidig	'We hebben SAP gekocht…'
O bstakel	'…maar iedereen moet nu getraind worden en daar is veel weerstand tegen.'

Kies dan liever voor:

S ituatie gewenst	'Straks kan iedereen werken met SAP.'
O bstakel	'Wat we nu nog moeten doen is iedereen motiveren om zich erin te trainen.'

Tabel 7.3 SOAP-structuur van overtuigen, met de gewenste situatie

Tips voor overtuigen & boeien

- Gebruik verhalen, start met een verhaal of beloof dat er verhalen volgen.

- Introduceer een probleem, een obstakel.
  Zorg voor een verhaal met een wolf, een probleem. Introduceer een probleem in je presentaties, adviezen of speeches. Als er geen probleem is, sukkelen mensen in slaap. Ze blijven of raken in de routine. Gebruik indien mogelijk de SOAP-structuur. Een invulmodel vind je in de bijlage op pagina 181.

We kunnen tot op grote hoogte meeleven met twee geliefden die elkaar maar niet kunnen krijgen. Het wordt natuurlijk nog interessanter als we mee kunnen denken en invloed kunnen hebben. Een interactief gebrachte presentatie of interactief college is *boeiender* en *blijft beter hangen*. Daarover gaat paragraaf 7.2.

7.2 Inspireren & interactie *De Regel van de Jager*

Een goed verhaal heeft een *held*. De held is degene die het probleem oplost. Het kan iemand uit het verhaal zijn, de jager in Roodkapje, Frodo in *The Lord of the Rings*, Sonny Crockett in *Miami Vice*, of je team dat alle problemen het hoofd heeft geboden. De held is nodig om luisteraars te boeien en te ontspannen.

Als een probleem niet wordt opgelost, raakt de luisteraar ongerust of geïrriteerd. Je kent het misschien wel: er komt een collega of een medewerker vertellen dat iets niet goed is gegaan. Je zult willen zoeken naar een oplossing. Verfrissender en overtuigender is degene die naast het probleem ook één of drie oplossingen voorlegt. De held lost het probleem op en maakt de luisteraar alert en stelt hem tegelijk gerust. De held geeft de luisteraar de garantie dat het goed kan aflopen en is de ster van het verhaal.

Het wordt nog mooier. Als we luisteren naar een goed verhaal, identificeren wij ons met de held. De held brengt de probleemoplosser in ons naar boven. We leven mee met de held. Sterker: *wij, de luisteraar, worden de held en willen het probleem oplossen.*

We zullen in ons hoofd al meedoen. En als we hardop mee kunnen doen, zijn we nog actiever betrokken: 'Achter je, Jan Klaassen...!' Er is nog een voordeel: we onthouden nagenoeg alles waar we zelf aan hebben meegedaan. Kortom: creëer een probleem, laat mensen meedenken over een oplossing en betrek zo je luisteraars.

De kunst is dus om je betoog of presentatie interactief te maken. Dat je mensen in hun hoofd of hardop met je verhaal mee laat doen. Meedenken gebeurt vanzelf als er een probleem en een held zijn. Hardop meedoen vraagt extra moeite.

Mensen doen niet zomaar mee. Een vraag wordt vanzelf retorisch als je die stelt aan een groep groter dan twee. Heb je weleens meegemaakt dat mensen niet zomaar reageren? Je hebt met twee fenomenen te maken: spreekspanning en groepsgedrag. Ten eerste spreekspanning. Mensen vinden het eng om te spreken in het openbaar. Reageren op een vraag maakt hen de spreker in het openbaar... Het tweede fenomeen is de remming door de aanwezigheid van de anderen. In een groep treedt het fenomeen op van de grote getallen, de zogenaamde 'pluralistische onwetendheid' of 'multiple verwarring'. Als we in een groep zijn, zijn we geneigd te reageren op de situatie zoals we de anderen zien doen. Dit vreselijke fenomeen van groepsgedrag verklaart bijvoorbeeld ook hoe we met een groep mensen om een vijver niet in actie komen en iemand kunnen laten verdrinken. Niet degene die verdrinkt is onze stimulus, maar het gedrag van de anderen. Als we alleen zouden zijn, zouden we ons geen moment bedenken en in de vijver springen. Maar zijn we in de groep en reageren de anderen niet, dan zullen wij ook niet zomaar reageren. Als mensen op een bepaalde manier reageren, zullen wij ook eerder op die manier reageren. Hoe groter de groep, hoe sterker het fenomeen.

Een speciaal geval: Commitment krijgen voor een impopulaire maatregel of advies

Wil je mensen meekrijgen met iets vervelends, gebruik dan de commitmentstructuur. Als je anderen mee moet krijgen met een vervelend plan, loop je groot risico in de valkuil te stappen dat je het plan gaat uitleggen. Het plan dan uitleggen is namelijk je kruit verschieten. Niemand zal het nog willen horen.

Denk aan een plan dat je moet presenteren namens een directieteam, waar je met moeite achter staat. Denk aan een advies dat duurder of bewerkelijker uitpakt dan begroot. Of denk aan een groep mensen waarin de helft ontslagen wordt en de rest betrokken aan de slag moet blijven. Je natuurlijke neiging kan zijn dat je erg je best gaat doen om het plan plausibel te maken.

Bij vervelend nieuws komen we meestal met een uitgebreide toelichting waarom het nodig is (waarom moeten we iets doen, de linkerkant van de boomstructuur in figuur 7.1) of het plan mooi verkopen (dit is wat we moeten doen, de rechterkant van de boomstructuur).

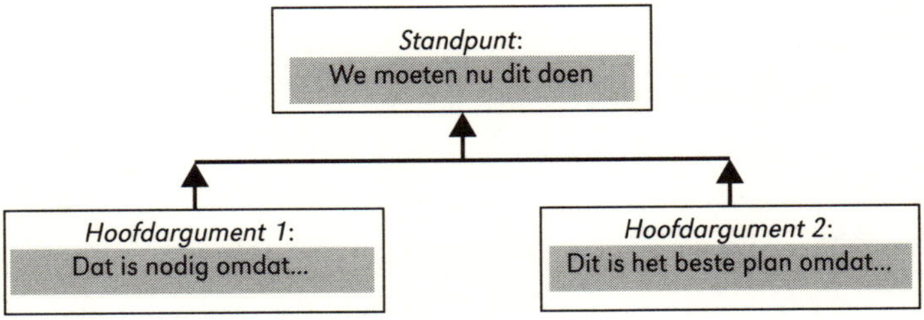

Figuur 7.1 Standpunt en argumenten

Dit proces loopt vaak in een opzet die we kennen als de maatregelstructuur (zie tabel 7.4). Deze is volslagen logisch en goed toepasbaar om een neutrale maatregel toe te lichten. Voor een impopulair advies is het wel logisch, maar werkt het distantiërend en ergerniswekkend.

Fase 1	Dit is het plan/het advies/de maatregel
Fase 2	Dit is waarom het nodig is/dit is wat het gaat opleveren (voordelen)
Fase 3	Reacties van de luisteraars (nadelen + discussie)
Fase 4	Implementatie van het plan

Tabel 7.4 De maatregelstructuur

Er zijn een paar *nadelen* aan deze opzet:

Als we het plan op deze manier brengen, besteden we in de regel veel aandacht aan fase 1 en fase 2. We proberen het zo plausibel en fraai mogelijk te presenteren – we poetsen onze schoenen en gaan de slides extra flitsend maken.

Alleen, de voordelen van het plan gaan vaak ten onder in goede bedoelingen en het gehakketak over de nadelen. En dan gaat je plan in schoonheid ten onder. Zeker als mensen al iets gehoord hebben van het plan, zijn ze met hun aandacht niet bij het goede nieuws. Sterker nog, hoe meer de spreker zich vastbijt in fase 2, hoe heftiger de reactie in fase 3. Omdat de nadelen na de voordelen komen, blijven die vaak ook hangen. Het is lastig om terug te keren nadat fase 3 is geweest en het is moeilijk om te komen tot acceptatie in de implementatiefase 4. Het belangrijkste nadeel is dat je contact verliest en dat je je als spreker een heel foute verkoper voelt. Veel mensen voelen zich in de knel omdat ze zich goed kunnen inleven in de ellende die het plan veroorzaakt en desondanks een flitsend plan willen kunnen brengen. Het resultaat is vaak een ingehouden, weinig charismatisch betoog.

Gebruik van de commitmentstructuur

Hoe pak je het aan? De fasen van de commitmentstructuur zijn weergegeven in tabel 7.5. Zet eerst kort uiteen wat het plan of advies is. Nu komt het verschil. Nu ga je eerst in op de consequenties, juist voordat je de voordelen of het nut ervan behandelt. Je kunt de mensen die naar je luisteren actief betrekken in fase 2 en vragen welke grote effecten dit op hen heeft. Belangrijk is in die fase om alle reacties aandacht te geven. Hoe meer je er bij stilstaat, hoe eerder de bezwaren wegebben. Je kunt het proces versnellen door reacties te noteren, eventueel te rubriceren; dat voorkomt doublures. Samenvatten en noteren versnelt fase 2.

De belangrijkste voordelen van de commitmentstructuur zijn dat je leiderschap kunt tonen en integer kunt zijn. Je bent serieus over de nadelen, dan mag je dat dus ook zijn over de voordelen. De kans op acceptatie in fase 4 is veel hoger.

Fase 1: Plan	Dit is het plan/het advies/de maatregel
Fase 2: Consequenties	*Dit heeft grote consequenties (nadelen)* Consequenties van het plan & vragen om reacties van de luisteraars (alleen in kaart brengen en verduidelijken: niet inhoudelijk weerleggen)
Fase 3: Voordelen	*Ik kan me dan ook voorstellen dat jullie je afvragen waarom (ik) dit besluit is (heb) genomen/ik dit adviseer* Dit is waarom het nodig is/dit is wat het gaat opleveren
Fase 4: Implementatie	Implementatie van het plan

Tabel 7.5 De commitmentstructuur voor een impopulaire maatregel

Je hebt de kans dat mensen de voordelen nu ook echt horen. Ze komen op het eind en blijven daardoor beter hangen. In fase 2 kun je je inlevingsvermogen echt laten zien, zonder aan kracht in te hoeven boeten. Je kunt laten zien dat je je echt hebt ingeleefd in de nadelen en de consequenties. Als je ernaar vraagt, wordt dat alleen maar sterker. Bezwaren die gehoord zijn, doven uit: je hoeft ze niet te herhalen als iemand blijk geeft dat hij of zij je begrijpt.

Als je fase 2 goed hebt afgerond, kun je je kracht en enthousiasme over het plan of je advies echt laten zien. Mensen die met deze structuur zijn gaan werken, noemen dit voordeel van 'echt' en 'authentiek' zijn en de rust die het geeft om zich sterk te kunnen maken voor het plan. Je kunt gewoon zeggen wat je denkt.

Wat betreft betrokkenheid: je hebt nu beduidend meer kans dat mensen de voordelen of de noodzaak ook echt horen. Gebruikers melden dat in veel gevallen luisteraars zelfs gaan meedenken in fase 3. Het betrekken van iedereen en het serieus nemen van mogelijke consequenties heeft eigenlijk in alle gevallen grotere acceptatie in fase 4 tot gevolg.

Een invulmodel van de commitmentstructuur vind je in de bijlage op pagina 182.

Tips voor inspireren & interactie

Wil je een reactie, zorg dan voor twee dingen: logica en laagdrempeligheid. Zorg ervoor dat mensen snappen waarom je iets vraagt, dat ze zeker weten dat ze geen gezichtsverlies zullen lijden. Het moet eenvoudig zijn om te reageren. Bedenk vooraf of je een gesproken reactie wilt of niet.

Interactie zonder reactie

Bij tijdgebrek, als je zelf betrokken bent (kans dat je zelf van denken in vechten schiet door reacties) of bij grote aantallen als je de regie niet kunt voeren.

- Spreek in het hier en nu en haak in op wat er tijdens de situatie gebeurt.

- Spreek mensen direct aan; gebruik 'je', 'u' of 'jullie'.

- Noem het belang voor de ander.

- Vertel mensen wat ze eraan kunnen hebben om naar je te luisteren. Benoem expliciet hun winst in termen van tijd, gemak, prestige of zekerheid.
  Straks ben je helemaal op de hoogte.
  Je krijgt het als (een van de) eerste(n) te horen...
  Ik ben benieuwd naar je (jullie) mening.
  Na afloop kun je beter een besluit nemen.
  Als je naar mij luistert, hoef je X niet meer te lezen.

- Laat mensen zich een situatie, probleem of dilemma voorstellen.
  Stel je voor dat je...
  Wat is het eerste dat je denkt als...
  Wat denk je dat... zou kunnen doen?

- Stel vragen, ze worden vanzelf retorisch. Het zet mensen aan het denken. Bijvoorbeeld om een nieuw onderwerp aan te kondigen.
  En dan zal ik nu spreken over het verband tussen appels en peren.
  Liever: *Wat nu is het verband tussen appels en peren?*

- Laat mensen een vraag, dilemma of een stelling bespreken met degene die naast hen zit.

Interactie met reactie
Als je (extra) betrokkenheid wilt genereren, om spreekspanning te kunnen doorbreken en bij grote aantallen als je de regie kunt houden.

- Stel (logische en laagdrempelige) vragen aan iedereen en wacht rustig af.
  Geen haast. Geef mensen de tijd om een antwoord te formuleren.

- Spreek als een vriend. Wees je bewust van je hoge-statusrol als spreker en wees je er ook bewust van dat vragen als een examen ervaren kunnen worden. Vraag liever om een mening dan om een (kennis)vraag die gezichtsverlies kan opleveren. Veel presentatoren kondigen aan dat na afloop vragen gesteld kunnen worden. Dat versterkt de afstand. Prikkelender dan als een leerling na afloop je kennisniveau te mogen toetsen, is het om als vriend toegesproken te zijn. Vragen komen dan eerder.

- Als mensen geen antwoord geven, kun je daarna een meer gerichte vraag stellen.
  Hoe verloopt de samenwerking met India?
  Hoe gaat het wat betreft de opvolging van afspraken?

- Stel een alternatiefvraag, waarop mensen met een knikje of een handopsteken kunnen reageren.
  Wat denken jullie van X, a, b of c?
  Wie denkt a…, wie denkt b…, wie denkt c…?

- Stel prikkelende vragen, quizvragen of laat percentages schatten.
  Het sterkst zijn vragen waarbij alle aanwezigen evenveel kans hebben.
  Enig idee hoeveel procent van de Nederlanders huilt bij het uiensnijden?

- Vraag de hele groep. Geef niet zomaar iemand het woord. Stel eerst een alternatiefvraag en let goed op het enthousiasme waarmee mensen hun hand opsteken.

- Gebruik de commitmentstructuur.

7.3 Een boeiend verhaal
De Regel van de Groene Kikker

Een boeiend verhaal *klopt*. Het mag een onrealistisch en fantastisch verhaal zijn, maar binnen de gekozen lijn moet alles kloppen. Neem de 'Wegisweg' bij Harry Potter. Neem het perron waarop de leerlingen naar Zweinstein vertrekken. Het is perron 9¾. Je kunt alleen op dat perron komen als je door de muur gaat. Het is een vrij exotisch gegeven en onrealistisch in onze werkelijkheid, maar in het verhaal kloppend omdat de toegang tot het perron zo precies is vastgelegd. Zo kunnen alleen (aspirant-)leerlingen van Zweinstein door de muur. En binnen alle zeven delen blijft de manier om het perron op te komen dezelfde.

Alle elementen die je gebruikt, moeten een *functie* hebben in het verhaal. We zijn volledig betrokken als we in een goed verhaal zitten. We identificeren ons en leven mee met de held, we denken mee over oplossingen. Daarom verzamelen wij informatie en bedenken we wat dit zou kunnen bijdragen aan de oplossing. Alle elementen die een verteller in ons hoofd plaatst, houden we in de lucht en we zoeken de functie van het element in het verhaal. Dat kan ook te veel worden. We zijn en blijven geboeid als we zaken kunnen plaatsen. Als er te veel is, of als er elementen zijn die geen functie hebben, raken we vermoeid, overprikkeld of geïrriteerd.

Elementen die je invoegt moeten ook *terugkomen*, anders hebben ze nog geen functie en houden we in ons brein steeds een opening voor dat element. Stel je voor dat je een kind het verhaal van Roodkapje vertelt. En stel dan dat je ergens in het verhaal vertelt: 'Vanachter een boom sprong een groene kikker op het bospad' en de rest van het verhaal vertel je op de bekende manier. Wat denk je dat een kind na afloop zal vragen? 'En wat is er nou gebeurd met de groene kikker?' Het is frustrerend om iets te hebben gehoord en voor ons te hebben gezien waar niets mee gebeurt. Net als in films, waarin te veel mensen of verhaallijnen voorbijkomen die je niet meer terugziet. Dat is ook het frustrerende van een open einde. Misschien heb je zelf bij het lezen van deze tekst ook al vanaf de titel 'De Regel van de Groene Kikker' gedacht: wanneer ga ik daar eindelijk iets over lezen?

Een boeiend verhaal heeft dus ook maar een *beperkt aantal elementen*. Breng geen elementen in zonder functie of die niet terugkomen. Kortom, vermijd groene kikkers.

Tips voor een boeiend verhaal

- Bedenk van tevoren hoeveel voorkennis de ander heeft en verplaats je in zijn of haar wereld. Bedenk welke elementen van belang zijn voor je verhaal en hoe je die interessant kunt maken voor de ander. Bedenk hoeveel elementen nieuw zijn en hoeveel nieuws de ander aankan. De ideale verhouding om informatie op te nemen lijkt 30 procent nieuwe tegenover 70 procent bekende informatie.

- Laat elementen (dingen, dieren, mensen, kwesties) die je invoert, ook weer terugkomen in het verhaal.

- Bied houvast door aan te geven wat de functie is van het element. Dat wil zeggen: vertel wat de relatie van het element tot het hoofdthema, het probleem of de oplossing is.

- Niet Cruijffen! In Nederland horen we in toenemende mate het gebruik van 'je' als mensen over zichzelf spreken. Taalbeheersers vermoeden dat Johan Cruijff dit Angelsaksische fenomeen ('one would definitely ask one to marry one if one had the opportunity') naar Nederland heeft gebracht. 'Je krijgt hem voorgezet, je ziet een kans, je kopt hem in, je scoort'. Het distantieert je van de situatie. In termen van invloed kun je daarmee minder contact maken met degene(n) die naar je luistert(en).
  Spreek 'jij' en 'u' gericht: spreek mensen direct aan. Gebruik directe voornaamwoorden. Spreek over jezelf als 'ik' in plaats van 'je'. Vertaal zaken die je benoemt naar het voordeel van, of de betekenis voor, de ander(en).

- Denk aan timing: kies het goede moment om oplossingen te geven. In het theater en toneel heet dat het 'motorisch moment'. Als je met een oplossing komt, haken mensen af omdat er geen probleem meer is. Kom dus niet te snel met een oplossing, tenzij je een nieuw probleem introduceert. Maar stel de oplossingen ook niet te lang uit. Als je voorbij het motorisch moment bent, wordt het saai. Kijken naar een film waarin het beoogde stel eindeloos om elkaar heen draait, is saai. Ga dan zoenen of niet. We haken op een gegeven moment af.
  Kortom: houd problemen in de lucht, stel oplossingen in het vooruitzicht en lever die uiteindelijk ook.

Hoofdstuk 8
De Wet van het Warme Bad
Overtuigen met de goede argumenten

Ik word altijd reuze vrolijk van een
bijzonder scherpe aanval op mijn persoon,
want een persoonlijke aanval betekent dat
ze geen enkel politiek argument meer hebben.
Margaret Thatcher

Met zeggen wat je vindt overtuig je alleen je fans of mensen die jou als god beschouwen. Mensen meekrijgen met jouw mening of advies betekent dat zij een mening krijgen die ze nog niet hadden of, in het geval dat ze een mening hebben, deze helemaal of voor een deel verlaten. We lijken het normaal te vinden dat een ander dat doet en vinden de ander erg vervelend en halsstarrig als die ons niet volgt. Maar niet altijd zijn mensen ontvankelijk voor een mening, zeker als ze zelf iets vinden. Zoals we inmiddels weten, spelen er allerlei psychologische processen mee in onze besluitvorming.

Betrokkenheid en aandacht hebben als voordeel dat mensen geïnteresseerd zijn en dat ze mee willen denken. Dat, zeg maar, mensen van routinematig naar actief denken overschakelen. Maar er is ook een risico, namelijk dat van vechten. Als je mensen hoogbetrokken maakt en niet blijft zorgen voor ontspanning, kan de combinatie van hoogbetrokkenheid en verzet ontstaan, met als gevolg dat ze gaan vechten.

Hoe creëer je betrokkenheid en blijf je zorgen voor ontspanning? Om iemand van mening te laten veranderen zijn twee handicaps te overwinnen. Ten eerste vinden mensen het in de regel vervelend om een mening op te geven. Ten tweede hebben wij de neiging te vertellen wat we vinden en de argumenten te vertellen die onszelf hebben overtuigd.

8.1 Iemand een (nieuwe) mening geven *De Regel van het Gezichtsverlies*

De eerste handicap om iemand van mening te laten veranderen is dat mensen niet zomaar een expliciete overtuiging of mening loslaten. Dit heeft te maken met het zogeheten consistentieprincipe. We leren van jongs af dat we consistent moeten zijn en moeten nakomen wat we beloofd hebben. Uitdrukkingen als 'een man, een man, een woord, een woord' en 'wat je beloofd hebt, moet je ook doen' sporen ons daartoe aan. Standvastigheid is goed, van mening veranderingen riekt naar draaikonterij. Er zijn politici die hun standvastigheid etaleren om electorale winst te boeken. Het is simpelweg niet stoer om van mening te veranderen.

Alleen sterke mensen durven te zeggen: 'Ik vond eerst iets anders, maar je hebt me overtuigd'. *Je mening opgeven betekent gezichtsverlies.* Misschien ken je het fenomeen dat een ander zulke overtuigende argumenten heeft dat je je mening lijkt te verliezen. Dat voelt niet lekker. Ook kan het consistentieprincipe 'aanslaan' als je je verplicht voelt om iets toe te lichten zodra je iets gezegd hebt. In de retorica en in debatten geldt zelfs als regel dat je een mening moet toelichten. De pleiter, de antagonist, is verplicht zijn of haar standpunt te verdedigen. In de onderhandelingenleer geldt het credo: 'wie beweegt, betaalt'. Kortom, ten eerste: een mening geven verplicht, en ten tweede: een mening opgeven doet pijn.

Bekend zijn de indoctrinatiemethoden waarbij deze behoefte aan consistentie gebruikt wordt om mensen te manipuleren. In de Koreaanse Oorlog (1950-1953) werden Amerikaanse soldaten gevangen gezet door de Noord-Koreanen en de Chinezen. De Noord-Koreanen ondervroegen de Amerikanen met geweld, totdat ze zeiden dat het communisme een goed systeem is. De Chinezen, langer bekend en zeer bedreven in indoctrinatie van de gehele bevolking tot het communisme, pakten het heel anders aan. Zij behandelden hun krijgsgevangenen goed. Ze vroegen de verbaasde Amerikanen in alle gemoedelijkheid of ze een gesprek met hen wilden voeren over politiek. In de gesprekken die volgden vertelden ze over het communisme en toonden zich zeer geïnteresseerd in het democratisch kapitalisme van Amerika. Na eerst complimenten te hebben gegeven over het democratisch systeem en de voordelen te hebben bewierookt van jezelf kunnen bewijzen en het hebben van een eigen televisietoestel, vroegen de Chinezen vervolgens of er ook nadelen aan het kapitalistische systeem zaten. Het kon dan goed zijn dat een Amerikaan zich liet ontvallen dat er natuurlijk nadelen waren en niet alles geweldig was voor iedereen in de samenleving. In een volgend gesprek kwam de Chinese ondervrager daar geïnteresseerd op terug. 'Je zei vorige keer dat er nadelen zijn aan het kapitalistische systeem, wil je daar nog eens wat meer over vertellen...' Natuurlijk dé methode om een Amerikaanse soldaat aan het praten te krijgen. Hij had immers alles uit zichzelf gezegd. Het zou niet meer dan redelijk zijn om toe te lichten wat hij bedoeld had. Door telkens door te vragen op eerdere uitspraken verleidden de Chinezen hun krijgsgevangenen tot steeds uitgebreidere verklaringen tegen het Amerikaanse politieke systeem, eerst in gesprekken, later schriftelijk en ten overstaan van hele groepen. Het consistentieprincipe in werking.

Door iemand, zonder dwang, door te vragen op eerder gedane uitspraken, kun je hem of haar manipuleren. Zoals je iemand ook volgens dit principe met weinig moeite kunt houden aan beloftes. Laat hem of haar deze zelf formuleren. Iemand die zich uitspreekt voor iets, committeert zichzelf.

Is het principe een voordeel als je het met iemand eens bent of als je iemand gecommitteerd wilt houden, het consistentieprincipe is een nadeel als je iemand van mening wilt laten veranderen.

Kortom, je mening opgeven betekent gezichtsverlies. Ten eerste voor jezelf. Maar natuurlijk wordt dat gevoel nog sterker als dat ten overstaan van anderen is. Op het moment dat je publiekelijk een mening geuit hebt, zal de aanvechting om bij je standpunt te blijven en dit te willen verdedigen nog sterker zijn. Als je iemand wilt overtuigen, zul je moeten zorgen voor ontspanning, voor een beperking van gezichtsverlies.

Tips om iemand een mening te geven

Als de ander nog geen (duidelijke) mening heeft

- Creëer betrokkenheid.

- Gebruik een beeldend verhaal om je plan of advies te schetsen. Zie hiervoor de Wet van Roodkapje (hoofdstuk 7).

- Gebruik argumenten die aansluiten bij wat hij of zij vindt of bij iets waar de meeste mensen het over eens zijn, zogenaamde 'common grounds'. Dit kan door te refereren aan beleid of gemaakte afspraken of aan bestaande uitdrukkingen: het lijkt de zaak te verhelderen en laat iets klinken als een logisch, alom geldend principe. Denk ook aan gezaghebbende meningen.
  Let op de kracht ervan. Het werkt zelfs als het inhoudelijk niet klopt. Om je te laten zien hoe sterk het werkt, volgen hier twee voorbeelden waarin uitdrukkingen gebruikt worden, logisch klinkend en meeslepend.
  Ten eerste Pim Fortuyn in een vraaggesprek naar aanleiding van zijn boek *De puinhopen van acht jaar paars*, waarin hij voorstelde om de terugbetaling van de Joodse (Maror)tegoeden aan banden te leggen: 'Wat gestolen is, moet je gewoon teruggeven... Maar op een gegeven moment is de geschiedenis de geschiedenis, en dan moeten we daar een streep onder zetten...' Zijn argumentatie klinkt logisch

door de herformulering in beide gezegdes. Het effect is zelfs zo krachtig dat niet opvalt dat hij zichzelf met deze twee uitdrukkingen tegenspreekt.
En ook Marcel van Dam in het programma *Het Lagerhuis*: 'Zoals we allemaal weten, meneer Witteman, soms regeert het gevoel, maar moet je je verstand laten spreken'.

- Benadruk je autoriteit en je overzicht (zie de Wet van de Koning, hoofdstuk 5), refereer aan aansprekende referenties, zoals eerder onderzoek en ervaringen of autoriteiten ('Ook… zegt…', 'Onderzoek wijst uit dat…').

Tips om iemand een nieuwe mening te geven

Als de ander een (uitgesproken) mening heeft

- Creëer ontspanning. Maak vervolgens contact door te bewijzen dat je de ander goed begrepen hebt, en honoreer hem of haar. Daarna verleid je hem of haar tot een ander perspectief door de afstand tussen de twee standpunten te verkleinen.

- Bewijs eerst dat je begrijpt wat de ander zegt of vindt door zijn of haar mening zo letterlijk mogelijk samen te vatten en controleer of het klopt wat je zegt: *Begrijp ik het goed dat je…*

- Honoreer vervolgens de ander: *Duidelijk punt, goed en helder verhaal, ik snap je. Ik begrijp precies wat je bedoelt want…*

- Bewijs eventueel nog dat je iemand begrijpt door de plausibiliteit van zijn standpunt inhoudelijk toe te lichten: *Dat klopt ook met wat we net hebben ontdekt / wat we vorig jaar hebben afgesproken / wat de meesten van ons vinden. Dat is inderdaad in lijn met ons algemene beleid.*

- Verleid de ander daarna tot een ander perspectief dan zijn of haar eigen standpunt. Dat kun je doen door te expliciteren dat je nieuwe of bijzondere inzichten of argumenten hebt (ontdekt), die de ander logischerwijs nog niet kon weten, waardoor de ander de aantrekking voelt van een geheim of de verlokking van het kunnen toetreden tot een elite met kennis of een andere mening: *Het klinkt misschien vreemd... Wat weinig mensen weten is... Wat de anderen nog niet weten is...*
  Je kunt ook meningen loskoppelen van personen en ze inhoudelijk bespreken en veralgemeniseren, bijvoorbeeld door ze te benoemen als 'wat we vinden' of 'wat we altijd dachten'.
  Je kunt ook de aandacht verleggen naar 'jullie', het gemeenschappelijk belang of doel en voorstellen om van daaruit samen alle argumenten te wegen.

- Verklein ten slotte de relationele afstand door te onderzoeken en te benadrukken waarover jullie het wel eens zijn: het gemeenschappelijke doel / de constatering dat er een probleem is / de conclusie dat er íets moet gebeuren.

- Verklein het inhoudelijke meningsverschil verder door te benadrukken dat het om een louter inhoudelijk verschil gaat en dat dat ook het enige of het laatste is waarover jullie het nog eens moeten worden.

8.2 Overtuigend argumenteren *Zeg niet wat je vindt*

De tweede handicap bij het kiezen van de goede argumenten is dat we *geneigd zijn om te vertellen wat we vinden*, uit te leggen waarom we dat vinden en de argumenten te noemen die onszelf hebben overtuigd. Dat blijkt geen effectieve methode. Misschien ken je gesprekken met je partner, waarin hij (of zij) je bijvoorbeeld uitlegt waarom je schoonouders het hele kerstweekend zouden moeten komen. Hoe zielig hij het verhaal ook verpakt dat ze anders helemaal alleen zitten en niet goed ter been zijn, dat ze bovendien heel charmant kunnen zijn en goed kunnen koken, jij blijft je afvragen waarom ze niet ook een dag naar een van hun andere kinderen kunnen. Hoezeer je je ook inleeft in je schoonouders, je houdt een bezwaar in je hoofd.

De overtuiger vertelt en vertelt en gaat op een training om het plan of advies nog flitsender te brengen, gebruikt meer en meer argumenten, poetst schoenen en tanden en we hebben best lol, maar we raken niet overtuigd van het plan.

Een treffend voorbeeld van een overtuigingspoging die veel heeft gekost en weinig opleverde aan gewenst gedragseffect, is de ritscampagne van Postbus 51. In de jaren negentig werd deze campagne door het Ministerie van Verkeer en Waterstaat gestart om Nederland ervan te overtuigen goed te gaan ritsen. In het spotje werd helder en grafisch ondersteund uiteengezet hoe wij het best kunnen invoegen en laten invoegen. Prima plan, helder uitgelegd.

Maar het heeft niet tot nauwelijks gewerkt. Mensen blijken niet goed te ritsen omdat anderen het niet goed doen, omdat ze zich afvragen of de rest het wel goed doet, of ze niet asociaal geacht worden als ze doorrijden tot het einde van de strook, of dat ze zich afvragen of ze er aan het eind nog wel worden tussen gelaten; mensen blijken niet goed gaten te laten vallen omdat ze haast hebben en niet willen vertragen of omdat ze anderen het niet goed zien doen. Kennelijk zitten er in ons hoofd nog bezwaren die ons in de weg staan om goed te ritsen.

Wij vinden goede plannen prima. Willen er natuurlijk ook best naar luisteren. Maar we stemmen er niet mee in. *Hoe goed je plan ook is, zolang iemand ook nog maar één bezwaar heeft, raakt hij niet overtuigd.*

Een voorbeeld hiervan is het volgende. Misschien herinner je je de aanval van de Nederlandse pers op minister Johan Remkes, onze voormalige minister van Binnenlandse Zaken. Tijdens de tsunami in december 2006 was hij op vakantie in Thailand. Hoewel op reisafstand van het rampgebied bleef hij op zijn vakantieadres, omdat dat zo in de ministerraad was afgesproken.

In de media rees de vraag waarom hij zich niet naar het getroffen gebied spoedde. In een interview ter plaatse werd hij onder vuur genomen door de toegestroomde Nederlandse pers. Hij had natuurlijk kunnen volstaan met beamen dat hij natuurlijk naar het rampgebied had willen gaan. Dat hij daar graag had willen helpen en de handen uit de mouwen had willen steken. Dat hij zeker zou zijn gegaan als niet was besloten met de ministerraad dat hij daar niet naartoe zou gaan... In plaats van begrip te tonen voor het bezwaar dat voor de hand ligt, koos hij voor defensie en legde omstandig uit waarom hij daar beter niet naartoe kon gaan. Mede door zijn defensieve reactie leek de aanval op hem terecht en wakkerde de kritiek alleen maar aan tot een onzinnige rel. Beamen had hem veel tijd, energie en gezichtsverlies bespaard.

Inhoudelijk overtuigen is dus bezwaren wegnemen. Hoe weet je nou welke bezwaren de ander heeft? Hier biedt de argumentatiekunde uitkomst. Er blijkt maar een beperkte set aan inhoudelijke bezwaren denkbaar tegen ieder plan of advies. Deze beperking biedt je een enorme voorsprong. Je kunt daarmee namelijk redelijk gemakkelijk voorspellen welke bezwaren je kunt verwachten. Er is een vaste voorraad aan mogelijke bezwaren, namelijk maar acht. Daarover gaan de eerste drie tips. Bekijk de zaak van boven, alsof je Mr Spock zelf bent, en volg de drie stappen.

Tips voor overtuigend argumenteren

- Stap 1: Formuleer helder en concreet, met een actie. Een standpunt, advies of plan lijkt in zijn soberste vorm iets als: 'X moet gebeuren; we moeten nu X doen'.
  In plaats van: *We moeten inkrimpen medio volgend jaar.*
  Liever: *We moeten 1,5 fte inleveren per 1 juli aanstaande.*
  En in plaats van: *Die broek staat je stom.*
  Liever: *Ik raad je aan deze broek niet meer te dragen.*

- Stap 2: Bepaal waarover je het nog niet eens bent. Wat heeft de ander nodig om te ontspannen? Onderzoek welke inhoudelijke bezwaren de ander heeft. Het goede nieuws is dat op ieder standpunt niet meer dan de volgende acht inhoudelijke bezwaren mogelijk zijn:
  1. Er is geen probleem.
  2. Het probleem is niet erg genoeg.
  3. Het probleem hangt niet samen met de huidige situatie (of: het probleem houd je toch).
  4. Dit plan lost het probleem niet op.
  5. De voordelen van dit plan wegen niet op tegen de nadelen.
  6. Het plan is niet uitvoerbaar.
  7. Het plan past niet binnen ons beleid of onze afspraken.
  8. Er is een beter alternatief.

De acht bezwaren wegen alle even zwaar. Eén ervan is voldoende om te maken dat iemand het oneens is en bij zijn standpunt, voorstel of advies blijft. Meestal kun je in je voorbereiding al voorspellen welke inhoudelijke bezwaren iemand heeft. Michiel Boswinkel heeft de vaste bezwaren in een handig model gezet (zie figuur 8.1). Een invulmodel vind je in de bijlage op pagina 183. De acht bezwaren vallen uiteen in twee hoofdgroepen: ten eerste de bezwaren over het probleem en of er überhaupt actie ondernomen moet worden, en ten tweede bezwaren die samenhangen met het plan zelf.

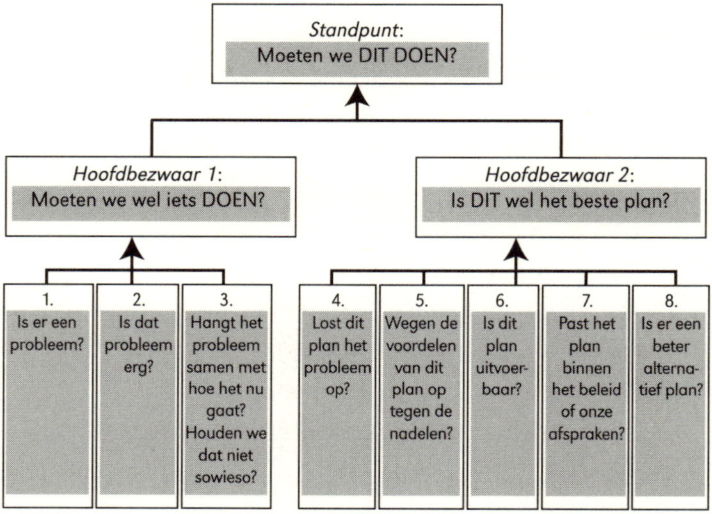

Figuur 8.1 Model 'De acht kwesties' (Boswinkel & Jaspers, 2007)

- Stap 3: Weerleg de bezwaren. Je betoog bouw je op uit de antwoorden op de vragen en de bezwaren die iemand heeft. Soms is dat er maar één. Pas als je antwoord hebt op alle vragen en alle bezwaren kunt weerleggen, kun je inhoudelijk overtuigen. Als je op (bijna) alle acht kwesties bezwaren verwacht, is je doel waarschijnlijk te hoog. Je zou er in dat geval voor kunnen kiezen om eerst te betogen dat er iets moet gebeuren en in latere instantie je plan uit de hoge hoed te toveren.

- Vraag de ander naar zijn of haar kwestie, vraag of bezwaar. Je kunt het model ook goed gebruiken om de argumentatie van een ander te doorzien. Vraag of je de ander goed begrijpt.
  Bijvoorbeeld: *Klopt het dat je vindt dat er een probleem is,*

maar dat het niet zwaar genoeg is om iets te moeten veranderen?

- Spreek vanuit 'common ground'...
  Spreek vanuit datgene waarover je het eens bent. Noem het standpunt vanuit het gemeenschappelijke doel.
  In onze zoektocht naar een betere samenwerking van beide teams, spreken we vandaag met elkaar over het advies van Annemarie om ons werkoverleg vanaf januari twee keer zo vaak te houden.
  Noem ook de argumenten waarover je het eens bent (geworden).
  We zijn allemaal van mening dat er iets moet gebeuren. (Hoofdargument 1: we moeten iets DOEN).
  We zijn het erover eens dat we fouten maken in projecten en dat sommigen van ons overbelast raken. (Argumenten 1 & 2: er is een PROBLEEM en dat is ERG).
  We zijn het er ook over eens dat dat komt doordat we alle taken onderling nog niet goed konden verdelen. (Argument 3: het komt door hoe het NU GAAT).
  Het plan van Annemarie zou ook kunnen, want op maandagochtend zijn we sowieso allemaal op kantoor... (Argument 6: het is UITVOERBAAR).

- En onderbouw alleen dat waarover je het nog niet eens bent.
  Voorkom open deuren en overbodige informatie. Argumenten onderbouwen om aan te tonen dat er een fileprobleem is in Nederland en dat dat erg genoeg is om actie te ondernemen, is tijdverspilling. Het is zeggen wat overdui-

delijk is, *stating the obvious*, zoals het kleine meisje haar vader bij de vijver attendeert op een eend. Daarnaast worden we natuurlijk ook wat wrevelig als we denken dat de ander ons niet serieus neemt. Ook standpunten verdedigen waar iedereen achter staat, wekt wrevel.

- Gebruik externe bewijslast. Haal referenties aan:
  1. Betrouwbare bronnen (*Mijn oma uit Bologna weet hoe je de lekkerste Zabaglione maakt.*)
  2. Ervaring (*Dit hebben we in het verleden al gedaan.*)
  3. Onderzoeksresultaten (*In de laatste* Harvard Business Review *staat het Stanford-onderzoek naar...*)

- Breng tijdens een bijeenkomst ontspanning en betrokkenheid door overzicht te brengen in een discussie. Onderzoek of mensen over hetzelfde standpunt spreken. Je kunt ook in kaart brengen wie welke argumenten gebruikt. Discussies kunnen over alle acht kwesties gaan, maar soms zie je een trend in vergaderingen. Mensen die tegen een plan zijn vallen de spreker, natuurlijk, vaak aan op de vijf argumenten uit het rechterdeel van de boom. Mensen die het met de spreker eens zijn, beijveren zich meestal om te hameren op de ernst van de problemen.

Hoofdstuk 9 Size does matter
Overtuigen met helderheid

– Commandant Galloway, als u nu eens een kopje koffie ging halen?
– Dank u, generaal, maar ik hoef geen koffie meer.
– Commandant, ik wil graag dat u de kamer verlaat zodat we achter uw rug over u kunnen praten.
A Few Good Men

Zonder begrip geen afweging, zonder begrip haken mensen af. Als je mensen wilt meenemen met een voorstel en ze wilt betrekken, is het belangrijk dat ze snappen wat je bedoelt en zich erin kunnen verplaatsen. Je raakt pas overtuigd van iets als je je er iets bij kunt voorstellen en als het volstrekt logisch klinkt of, zoals de Amerikanen zeggen, als een 'no-brainer'. We kunnen namelijk pas overtuigd raken als iets in onze waarneming binnenkomt. Onze hersenen zoeken immers naar informatie die ze kennen. Je kent misschien wel de mensen die in staat zijn om een complexe materie helder en pakkend te brengen. Dit hoofdstuk gaat over de beste methoden voor helderheid.

Als je een film of een foto voor je ziet, of als je je inleeft in hoe iets klinkt, proeft, voelt of ruikt, wordt het echt. Maar het kan ook door specifiek te zijn over data, zoals termijnen en cijfers. Hier lees je tips hoe je mensen je mening of je voorstel kunt laten begrijpen.

9.1 Concreet zijn
Zien is geloven

Een goed betoog is *concreet*. Bij een helder verhaal kunnen wij ons iets voorstellen. We weten allemaal dat het kapje rood is. Dat het kapje rood is maakt het echter en daarmee overtuigender. Het is ook wat we onthouden. Abstracties zijn saai en laten ruimte open voor interpretatie. Concreet betekent voorstelbaar. Dat kan zijn in beeld, maar ook in geluid, gevoel, geur of smaak.

Een mooi voorbeeld komt van Steve Jobs, medeoprichter van Apple en Pixar Films. In zijn lezing aan de Stanford University in juni 2005 noemt hij zelfs zijn hele lezing een verhaal. In zijn inleiding zegt hij: 'Today, I want to tell you three stories from my life. That's it. No big deal. Just three stories.' Ook is hij in zijn speech doorlopend concreet, vertelt hij een minutieus omschreven beeld en geeft hij zijn lezing een titel waarbij iedereen zich iets kan voorstellen: 'Stay hungry, stay foolish.'

Als je bang bent dat het veel tijd kost, bedenk dan hoeveel je wilt dat mensen zich herinneren. Alles waarbij we een voorstelling hebben, onthouden we. Wil je korter, denk dan aan een korte maar zeer gedetailleerde beschrijving.

Schets een korte voorstelling

Het effect van een beeldend verhaal om je plan of advies te schetsen is dat wij ons er een voorstelling van kunnen maken. Twee weken na de aanval op het World Trade Center op 11 september 2001 hield Tony Blair in Brighton een speech voor de Labour Party. In die speech schetst hij de herdenkingsbijeenkomst die gehouden werd voor Britse slachtoffers van de WTC-aanval:

Het was in veel opzichten een zeer Britse aangelegenheid, koekjes bij de thee, regenachtig weer. Vreemden die wat babbelden, gewone mensen probeerden te zijn in een heel ongewone situatie. En dan kijkt een middelbare moeder je recht in de ogen en vertelt je dat haar enige zoon is omgekomen en ze vraagt je 'waarom?' Op zo'n moment voel je je niet de machtigste man van het land...

Goede spreker, met een kwast schetst hij een gedetailleerd beeld. Een beeld van de herdenkingsdienst, met koekjes, thee en regen, hoe mensen hun best doen en de moeder die met hem spreekt. Het is een filmisch beeld, we kunnen ons er allemaal een plaatje bij voorstellen. Het is een concretisering om eigenlijk te zeggen dat hij er was, dat hij weet hoe mensen zich voelen en hoe hij de belangrijkste man van het land is.

Met onszelf als speechschrijver hebben we geen vijand nodig

Een abstract verhaal is saai. Veel presentaties en adviezen hebben geen probleem of zijn erbarmelijk abstract. We gebruiken woorden en begrippen als 'synergie', 'integratie' en 'betrokkenheid', 'voortgaande professionalisering' en 'brede samenwerking'. Je kent ze wel. We zijn getraind om ze te gebruiken. Het zijn woorden die getuigen van abstractie en overzicht. De voeten uit de klei. Deze onthechting van materie en de directe operatie is essentieel om onderzoek te doen, overzicht te krijgen en brede oplossingen te bedenken. De taal van professionals, onderzoekers en managers gaat over abstracties. Dat is logisch wanneer je betaald wordt om te analyseren en te abstraheren.

Maar je overtuigt er niet mee. Niet alleen zijn abstracties saai, het is jammer genoeg ook precies dat wat niet overtuigt. Als je met vakgenoten praat, kunnen natuurlijk wel abstracties besproken worden, als concreet is wat daarmee bedoeld wordt. Maar we raken pas overtuigd van iets als we weten wat de ander bedoelt, als we het voor ons zien of ons kunnen inleven.

Een prachtig voorbeeld waarin het verschil van concretiseren duidelijk wordt is het antwoord van George W. Bush en John F. Kerry tijdens een debat in 2004 net voor de verkiezingen. Beiden gaven antwoord op dezelfde vraag van de moderator: 'Welke rol speelt religie in uw beleidsbesluiten?' In zijn antwoord geeft George W. Bush antwoord op de vraag. Hij heeft een duidelijk antwoord en onderbouwt dat antwoord met een aantal argumenten. Hij herhaalt de 'pitch-structuur' (zie de tips hieronder) en is doorlopend concreet. Ook verbindt hij zijn persoonlijke overtuiging aan die van de grondwet en het beleid van de Verenigde Staten, en laat zijn trots daarover horen.

Mijn geloof speelt een belangrijke rol in mijn leven... Ik bid veel... *En mijn geloof is heel persoonlijk. Ik bid om kracht en wijsheid; ik bid voor onze troepen. Ik bid voor mijn familie en mijn kleine meisjes.*

*... In een **vrije samenleving** mogen mensen hun geloof belijden als ze dat willen; je bent net zo goed een Amerikaan als je ervoor kiest de Almachtige God te aanbidden en als je ervoor kiest dat niet te doen, of je nu christen bent of je bent moslim, je bent net zo goed Amerikaan; dat is zo geweldig van Amerika, het recht om je geloof te belijden zoals het jou goeddunkt.*

*Godsdienst en gebed **geven mij kracht**; ik ontvang kalmte in de stormen van het presidentschap; ik vind het geweldig dat mensen in het hele land voor mij en mijn gezin bidden; iemand heeft me ooit gevraagd, "hoe weet je dat?" Ik zei, dat voel ik gewoon.*

*Als ik beslissingen neem ben ik **heel principieel**. En de principes zijn afgeleid van de persoon die ik ben; ik geloof dat we onze naaste moeten liefhebben zoals wij onszelf liefhebben, dat blijkt in het openbare beleid uit op geloof gebaseerde initiatieven, waar we hele legers van mededogen de vrije teugel hebben gegeven om mensen die lijden te helpen genezen. Ik geloof dat God wil dat iedereen vrij is. Dat geloof ik. En dat is ook onderdeel van mijn buitenlandse politiek. In Afghanistan. Ik geloof dat de vrijheid daar een geschenk van de Almachtige God is. En ik kan u niet zeggen hoe bemoedigend het voor mij is te zien dat de vrijheid oprukt.*

Dus mijn principes waarop ik beslissingen neem zijn een deel van mij en godsdienst is een deel van mij.

In zijn reactie geeft John F. Kerry geen duidelijk antwoord op de vraag. Sterker, hij lijkt een aantal vragen te beantwoorden. Hij introduceert een aantal groene kikkers (zie de Regel van de Groene Kikker (paragraaf 7.3): 'Tips voor een boeiend verhaal'). Zo zegt hij dat hij het niet eens is met de vorige spreker. Daarmee vraagt hij iedereen om zich het antwoord van Bush te herinneren. Dat kost moeite en vraagt ambiguïteittolerantie.

Bovendien vestigt dat extra aandacht op de vorige spreker en klinkt het defensief. Ook is er geen heldere structuur in zijn antwoord. Hieronder de tekst:

Goed, ik respecteer alles wat de president heeft gezegd en ik respecteer zeker zijn geloof. En ik vind het belangrijk om met u te delen dat hij volgens mij zojuist heeft gezegd dat vrijheid een geschenk van de Almachtige God is…, ***alles is een geschenk*** *van de Almachtige God!*

En terwijl ik de woorden uit de Bijbel als maatstaf heb, en dat hebben we allemaal, verschillende mensen ***hebben verschillende dingen als maatstaf****, de Koran, de Thora, of… weet u… laatst kreeg ik de zegen van afstammelingen van de native Amerikanen, ze hebben hun eigen speciale gevoel van verbondenheid met een hoger wezen.*

En mensen vinden allemaal hun manier om daar uitdrukking aan te geven. Mij is geleerd, ik heb op een kerkelijke school gezeten, dat de twee belangrijkste geboden zijn: 'Heb de Heer uw God met heel uw geest, uw lichaam en uw ziel lief', en: 'Heb uw naaste lief gelijk u zelf'.

En eerlijk gezegd geloof ik ***dat we nog heel veel meer naastenliefde moeten tonen****. In dit land en op deze planeet. We hebben in de Verenigde Staten van Amerika een gescheiden en ongelijk schoolsysteem. Er is een systeem voor mensen die geld hebben en er is een systeem voor de mensen die dat niet hebben. En daarmee worstelen wij vandaag.*

De president en ik ***verschillen van mening*** *over de manier waarop we in ons leven ons gevoel voor het geloof uitdragen. Ik heb er eerder al over gesproken toen ik het had over werken en dat geloof zonder werken dood is. Volgens mij moeten we nog heel wat meer werk verzetten.*

En als president zal ik altijd ***het recht van iedereen*** *respecteren om godsdienst te belijden zoals zij dat willen, of niet te belijden, omdat dat een deel van Amerika is…*

Het verschil is dramatisch: George W. Bush is doorlopend helder. Bovendien heeft hij een heldere kernboodschap, dicht bij de vraag. Alles wat hij vertelt is een onderbouwing van zijn kernboodschap met een concrete en ook optimistische vertaling van wat hij bedoelt. Zie ook Size does matter (hoofdstuk 9).

John F. Kerry is abstract en heeft een meervoudige, en daarmee onduidelijke, boodschap. Hij schetst een rijk geschakeerd en genuanceerd, maar onduidelijk beeld. Wat hij precies wil zeggen is onduidelijk. Hij geeft geen duidelijk antwoord op de vraag die de moderator stelt. Welke rol zijn geloof speelt in zijn politieke besluiten, vertelt hij niet. Hij zegt daar alleen over dat hij iedere geloofsbelijdenis zal respecteren. Het is niet concreet en ook niet persoonlijk: hij zegt dat hij dat zal doen, omdat dat hoort bij Amerika. Hij schetst een beeld met een aantal abstracte problemen zonder concrete oplossing.

Misschien herken je je eigen valkuilen in John F. Kerry. Let op dat je soms te veel wilt zeggen en te abstract bent. Betekent dit dat je alleen nog in oneliners gaat praten? Niet doen, want het past misschien niet bij je en waarschijnlijk word je betaald om te abstraheren.

Een kort & helder verhaal: de 'pitch'

Om kort iets toe te lichten heb je behoefte aan een pakkend verhaal dat blijft hangen en logisch klinkt. Dit wordt wel de 'elevator-pitch' genoemd. Hoe vertel je iets in korte tijd, zoals in de tijd dat je met de ceo mee omhoog mag in de lift en in dat korte tijdsbestek je verhaal kunt doen? Hoe vertel je op een feestje wat voor werk je doet of promoot je je nieuwe product? Daarvoor leent zich de structuur van de kernboodschap, afkomstig uit de mediatraining.

Kernboodschap	Het bericht, het advies, de slogan, de kernwaarde (*kern*)
Uitleg/onderbouwing	'Daar bedoel ik mee…', 'Concreet praten we over…' (*concretisering*)
Voorbeeld	'We hebben daarmee succes gehad in…', 'Denk aan…', 'Het is net zoiets als…' (*bewijs*)
Kernboodschap	'Kortom…' (*bevestiging*)

Tabel 9.1 De Pitch-structuur voor een kort & helder verhaal (naar Rieksen, 2005)

Deze structuur hoor je veel in interviews en persconferenties. Je gebruikt hem zelf waarschijnlijk ook vaak.

Kernboodschap	'Lieverd, dit weekend ben ik er helemaal voor jou.'
Uitleg/onderbouwing	'Ik ga minder tijd besteden aan mijn werk en meer aan dingen die jij leuk vindt.'
Voorbeeld	'Wat ik zometeen zal doen is alle boodschappen, het hele weekend mag jij kiezen wat we gaan doen. Ik zal alleen morgenavond één uur werken.'
Kernboodschap	'Want je bent zo lief voor mij en nu ga ik er eens helemaal zijn voor jou…'

Tabel 9.2 Pitch voor thuis

Een ander voorbeeld om deze structuur toe te passen, om een product of jezelf te promoten: misschien ken je het wel, dat je op een feestje bent en mensen vragen je wat voor werk je doet. Of je wilt netwerken en laten weten waarvoor ze je kunnen benaderen. Het is handig om daarover na te denken en een 'pitch' bij de hand te hebben. Wat heb je nodig?

- Bedenk wat het is dat jou (of je product) onderscheidt van anderen en dat voor de ander interessant is: dat moet centraal komen te staan als kernboodschap.
- Bedenk daarna welke kwaliteiten jou onderscheiden: dat komt in de uitleg van de kernboodschap.
- Zoek naar een voorbeeld waaruit het succes blijkt van jou, je product of je voorstel. Het voorbeeld geldt als bewijs voor je kernboodschap.
- Herhaal de kernboodschap, geformuleerd om goed te onthouden of met een praktische actie voor degene(n) die ernaar luistert(en).

Kernboodschap	'Ik adviseer mensen hoe ze hun invloed kunnen vergroten.'
Uitleg/onderbouwing	'Ik zoek met iemand naar mogelijkheden voor extra invloed en overtuigingskracht. Ik laat ze van alles uitproberen en ik blijk in staat om twee of drie dingen te kunnen vinden die zij eenvoudig kunnen gebruiken en waarmee ze onweerstaanbaar worden.'
Voorbeeld	'Ik laat ze bijvoorbeeld bedenken hoe het politieke krachtenveld eruitziet en wie ze, wanneer en hoe moeten beïnvloeden.' Of: 'Zo leer ik mensen hun stem in de laagte te gebruiken als ze meer indruk willen maken of in de hoogte als ze willen verleiden. Ze heeft haar stem bewust laag gebruikt en zei "Ja dat kan ik". Ook vroeg ze meteen € 1.500 meer per maand. Ze kreeg de baan en het salaris.'
Kernboodschap	'Dus, als je iemand zoekt die… kun je bij mij terecht.'

Tabel 9.3 Pitch voor persoonlijke profilering

Een invulmodel van een pitch vind je op pagina 184.

Tips om concreet te zijn

- Kies één heldere kernboodschap. Zorg dat je verhaal die boodschap ondersteunt; kom er tussendoor en aan het eind op terug. Als je meerdere boodschappen hebt, kies dan een beeld hoe ze onderling verbonden zijn (het overkoepelend verband of de overkoepelende boodschap) en verbind ze onderling expliciet (wat hebben ze met elkaar te maken).

- Geef je advies, presentatie of plan een titel waarbij mensen zich iets kunnen voorstellen.
  In plaats van: *Teambijeenkomst om onze kenmerkende kernwaarden vast te stellen.*
  Liever bijvoorbeeld: *Vlees of vis? We kiezen onze kenmerken in kernwaarden.*

- Wees je bewust van je valkuilen: je intelligentie, kennis, logica, abstractieniveau, Nederlanderschap en (inhoudelijk) overzicht

- Screen je tekst op abstracties. Leg abstracties uit met, of vervang ze door, een concreet synoniem.
  Abstract: *Volgend jaar zullen we moeten inkrimpen.*
  Concreet: *Vanaf juli volgend jaar moeten we 2 fte inleveren.*

- Zorg voor concretiseringen tussendoor. Dat kan in de vorm van een verhaal of een 'foto', een concreet beeld. Schets het volgende:

1. Als je twijfelt of mensen denken dat er iets moet gebeuren: schets wat er kan misgaan als er geen plan komt (onderbouw dat er een groot probleem is dat samenhangt met hoe het nu gaat; de linkerkant van de boomstructuur).
2. Als je twijfelt of mensen het plan voor zich zien: schets hoe je plan er in concreto uitziet (mensen, middelen, stappen, termijnen...).
3. Als je twijfelt of mensen het resultaat van het plan zien zitten: schets wat je plan gaat opleveren (onderbouw de voordelen en hoe de werkelijkheid er dan concreet uit zal zien).

- Concretiseringen zijn: een filmisch of fotografisch beeld, met daarin getallen, data, termijnen, procenten, adressen, tijden, kleuren, geuren, temperatuur, textuur en/of smaak. Sluit bij voorkeur aan bij iemands denkstijl. Hierover hieronder meer.

- Gebruik de 'pitch' om iets helder te brengen.

9.2 Sluit aan bij iemands denkstijl *De Golflengteregel*

Je ziet het pas als je het snapt.
Johan Cruijff

Zonder begrip geen denken. Stel, er komen twee nieuwe collega's op je afdeling die jij zult inwerken: Frits maandag en Michiel dinsdag. Als ze binnenkomen vraag je: 'Hoe was je ochtend?' Frits zegt: 'Nou, prima, ik ben opgestaan, heb lekker ontbeten met mijn vrouw, ben even de hond uit gaan laten en ben toen hiernaartoe gereden met nauwelijks file...'

Michiel zegt: 'Nou, prima. Ik had een heel lekkere ochtend. Alles zat mee, 't weer, nauwelijks file, echt een ochtend om lekker te starten in een nieuwe baan.'

Stel vervolgens dat je beiden gaat vertellen wat hen die ochtend te wachten staat. Je zou tegen Frits zeggen: 'Voor vanochtend is het de bedoeling dat je je even meldt bij PZ voor lease-informatie. Verder is het belangrijk dat je je een beetje op je gemak gaat voelen. Dus kijk even wat je nodig hebt op je werkplek, snuif de sfeer maar wat op en loop eens bij wat mensen binnen. Zullen we om half één samen lunchen?' Hij denkt vermoedelijk dat je gek bent.

En stel dat je tegen Michiel zou zeggen: 'Voor vanochtend ga je eerst naar PZ, daar wordt alle lease-informatie met je doorgenomen. Daarna ga je naar je werkplek, ga daar je computer maar eens opstarten, probeer je stoel en schrijf op wat je allemaal denkt nodig te hebben. Daarna kun je om elf uur koffie drinken. Na de koffie en tot de lunch kun je steeds een halfuur met iemand van de afdeling spreken. Kom daarna maar terug op deze kamer. Zullen we van half één tot één uur samen lunchen?' Ook Michiel denkt vermoedelijk dat je niet orde bent. Je spreekt beiden aan in een voor hen atypische denkstijl.

We (zien en) horen alleen wat we begrijpen: de bril is de realiteit. Andere informatie gaat eenvoudigweg verloren. Ze zien je mond bewegen en nemen in ieder geval waar dat je iets tegen ze zegt. Vermoedelijk denken zij dat jij het niet snapt en dat je vaag of gek bent, of dat zij het niet snappen en daarom vragen ze wat ze nou moeten doen of gaan dat aan iemand anders vragen. De kans bestaat dat de instructie van de ander op hun lijf geschreven is om hetzelfde resultaat te bereiken.

Zonder begrip is er geen denken, geen afweging. Je kunt rekening houden met de waarneming, de werkelijkheid van de ander door op iemands denkstijl te letten en daarbij aan te sluiten. Psycholinguïstisch onderzoek houdt zich onder andere bezig met denkstijlen en levert werkelijk fenomenale inzichten. Neurolinguïstisch programmeren, 'NLP', maakt gebruik van deze inzichten.

Tips om aan te sluiten bij iemands denkstijl

- Houd rekening met iemands denkstijl in je taal. Luister hoe iemand spreekt en probeer in zijn of haar voorkeursstijl te formuleren.

- Voor een grove inschatting: houd dan rekening met de *vier hoofd-denkstijlen*:
  1. CONCREET of CONCEPTUEEL
     Concreet: *Ik heb drie appels gekocht en twee peren.*
     Conceptueel: *Ik heb fruit gekocht.*
  2. LINEAIR of GLOBAAL
     Lineair: *Eerst heb ik met de hond gewandeld, toen heb ik koffie gedronken en daarna ben ik hiernaartoe gereden.*
     Globaal: *Ik had een ontspannen ochtend tot nu toe.*

- Of nauwkeuriger...
  Als je nog nauwkeuriger wilt inschatten hoe iemand denkt, kun je rekening houden met de *elf mogelijke denkstijlen* uit de NLP-methode van Lucas Derks en Jaap Hollander.

- Zeg niet wat je *niet* wilt. Het is heel verwarrend voor onze hersenen als ze informatie moeten elimineren. Stel je voor dat iemand er energie in gaat steken om fietsen af te leren. Je kunt het al. Zinloos. Evenzo is 'niet' in onze verbale opdrachten een zinloze exercitie. 'Wil je niet je zusje slaan?' 'Niet' is een complexe activiteit voor ons brein.
  Als onze hersenen een opdracht krijgen met 'niet' erin, moeten ze eerst het concept waarover het gaat in beeld krijgen om het vervolgens te elimineren. Neem de analogie van de roze olifant. Als iemand je vraagt om niet aan een roze olifant te denken, is dat precies waar je aan denkt. Paul Kerr geeft een mooi voorbeeld: 'Denk niet aan de laatste keer dat je seks hebt gehad. Denk niet aan wanneer het was, met wie je was, hoe lang het duurde... '
  Dus: schets wat je wel wilt.
  In plaats van: *Wil je niet je zusje slaan?*
  Liever: *Wil je stoppen?*
  In plaats van: *Ik verdien te weinig.*
  Liever: *Ik wil graag 20 procent erbij.*

9.3 Overzicht = overwicht
De Regel van de Drie-eenheid

Yes we can.
Barack Obama

Wij blijken zaken die in drieën worden aangeboden beter te onthouden. Denk aan 'geloof, hoop en liefde', 'Kwik, Kwek en Kwak', 'huisje, boompje, beestje' en 'heerlijk helder Heineken'. 'Life tastes good' van Coca-Cola is een van hun meest succesvolle en best onthouden campagnes. Je kent misschien ook 'vrijheid, gelijkheid en broederschap' (uit 1789) en 'veni, vidi, vici' (uit 47 voor Christus). Beide oud, maar nog steeds geciteerd.

Het gebruik van de trikolon versterkt ook je *geloofwaardigheid* (zie de Wet van de Koning, hoofdstuk 5). Mensen zullen zich jou eenvoudigweg beter herinneren, omdat wat je zegt meer indruk maakt met een trikolon. Ook lijk je de zaak tot een behapbaar en overzichtelijk geheel terug te kunnen brengen. Overzicht hebben draagt bij aan geloofwaardigheid. Twee is te oppervlakkig, vier is te veel.

Groot voordeel is ook de ontspanning die je creëert en kunt houden bij je luisteraars. Drie klinkt en oogt klein en als een te behappen hoeveelheid informatie. Misschien ken je vergaderingen met een agenda van achttien punten. De moed zakt meteen in je schoenen. Drie punten geven een optimistische beleving aan de start en vergroten ieders welwillendheid.

Tips voor overzicht

- De trikolon: de drieslag. Een van de mooiste en waardevolste retorische trucs is de trikolon, ook wel de drieslag. Bied zaken aan in drieën. Gebruik de trikolon in:
    - Titels (*Hen and the Art of Chicken Maintenance*)
    - Hoofdstukindelingen (*Onderzoek, Conclusies, Advies in stappen*)
    - Slogans & motto's (*Koning-Keizer-Admiraal*)
    - Kernwaarden, bijvoorbeeld van je organisatie
    - Overzichten (*Verleden, Heden en Toekomst*)
    - Plannen (*Drie fasen*)
    - Opsommingen, zoals te ondernemen stappen, agenda's of voorbeelden en concretiseringen

  ... So they stood up against them, took up their arms and asked for our support. (George W. Bush)

  ... I did not travel here by train; nor in the company of the President of the United States; nor did I play poker; I don't have the right face for it. (Margaret Thatcher)

- Verdeel in drieën. Bedenk of je een vergadering, workshop of presentatie in drie delen uiteen kunt laten vallen. Natuurlijk kun je daarbinnen weer een verdeling maken.

- Gebruik 'drie' in een aankondiging.
  Het komt eigenlijk neer op drie stappen.
  Ik zal het in drie minuten samenvatten.

Samenvatting

Hoofdstuk 10 Analyse & strategie
Wat heeft de ander nodig?

Overtuigen lukt via volgen of denken. Volgen gaat pas als iemand ontspannen is en denken pas als iemand ontspannen én betrokken is. Voordat je gaat overtuigen, is het wijs na te gaan welke invloed je hebt (welk gevoel roep je bij de ander op?), hoe betrokken de ander is en welke reactie je dus kunt verwachten bij de ander. Daarop bepaal je wat de ander nodig heeft en wat je strategie wordt.

Analyse

1. Mijn doel

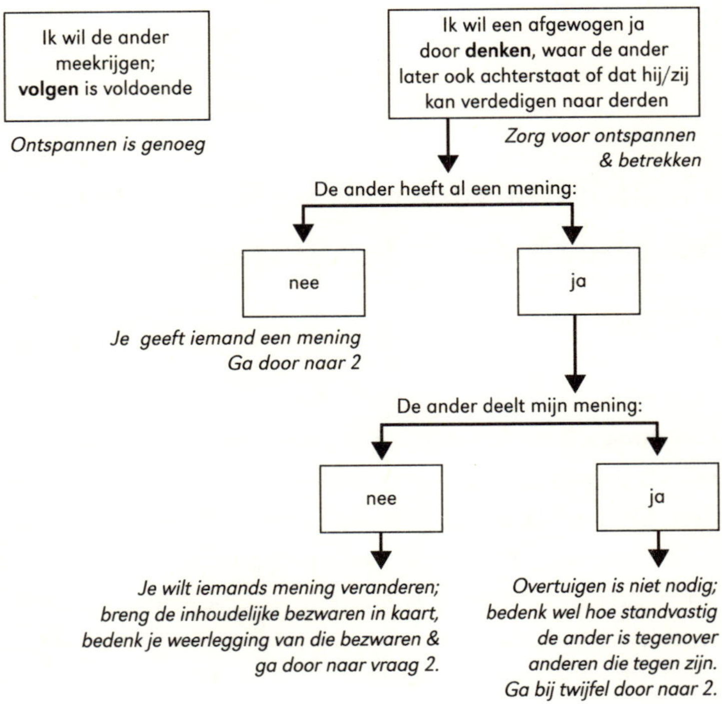

2. Hoe ontspannen is de ander?

In de regel of in reactie op de situatie/jou.

De ander is ontspannen
(enthousiast, blij, vrolijk, goed gehumeurd, optimistisch, etc.):

nee

De ander is in verzet (gespannen, gestrest, zuur, strak, geïntimideerd, geïrriteerd, etc.)
Ga door naar 3a

ja

Ga door naar 3b

Hoe ontspannen ben ik zelf? Wat kan ik doen om te kunnen ontspannen?

3. Hoe betrokken is de ander?

Bij jou, de situatie of het onderwerp.

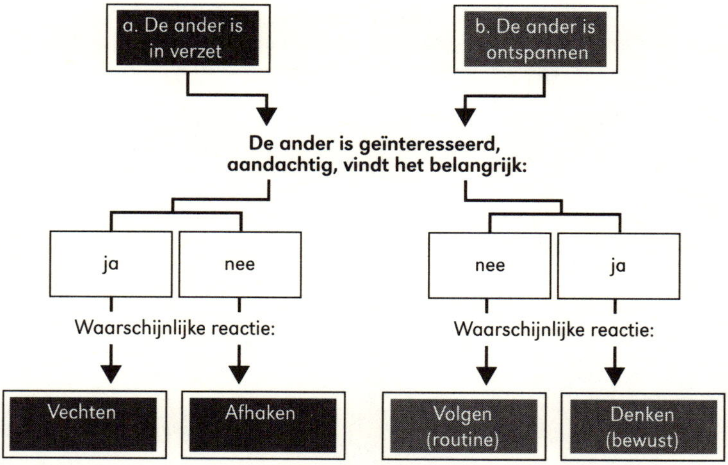

Betrokkenheid, maar ook verzet. De ander krijgt niet wat hij of zij nodig heeft. Zonder ontspanning geen mogelijkheid en ruimte voor jouw verhaal.
Stap 1: Ontspanning
Bedenk wat de ander nodig heeft. Probeer contact te maken als vriend, autoriteit of voorbeeld.
Daarna: *Stap 3: Inhoud*
Geef jouw advies/standpunt. Overtuig met: helderheid.
De ander is betrokken en komt uit verzet. Blijf alert zorgen voor ontspanning.

Laagbetrokken en in verzet; de ander laat je gewoon praten en zapt weg. Als hij/zij ontspant, volgt iemand mogelijk jouw idee.
Stap 1: Ontspanning
Maak contact en bedenk wat de ander nodig heeft. Overtuig als: vriend, autoriteit of voorbeeld. Als je wilt dat iemand erover nadenkt, doe dan daarna:
Stap 2: Betrokkenheid
Overtuig met: goed verhaal, argumenten, overzicht of helderheid.

Je kunt gebruikmaken van de ontspanning en overtuigen als: vriend, autoriteit of voorbeeld.
Als je wilt dat de ander denkt en weloverwogen overtuigd raakt, moet je nog betrokkenheid creëren.
Zet dan: *Stap 2: Betrokkenheid*
Overtuig met: goed verhaal, argumenten, overzicht of helderheid.

De ander is ontspannen en betrokken. Je kunt met elkaar inhoudelijk afstemmen.
Geef jouw advies/standpunt/mening.
Overtuig met: helderheid.
Omdat de ander betrokken is, kan verzet ontstaan.
Blijf zorgen voor ontspanning.

Bijlagen

Bijlage bij hoofdstuk 2, Het Model van Invloed

Verzet (Behoeften -)	**Ontspannen (Behoeften +)**
AFHAKEN *Reactie:* Aanpak: Eerst ontspannen. Geef waar de ander behoefte aan heeft. Win vertrouwen als vriend, autoriteit of voorbeeld. Als je wilt overtuigen op inhoud, dan ook betrekken.	**VOLGEN (ROUTINE)** *Reactie:* Aanpak: Overtuig als vriend, autoriteit of voorbeeld. Bedenk of je wilt overtuigen op inhoud. Dan ook betrekken.
VECHTEN *Reactie:* Aanpak: Ander moet ontspannen. Bied waar hij/zij behoefte aan heeft. Win vertrouwen als vriend, autoriteit of voorbeeld.	**DENKEN (BEWUST)** *Reactie:* Aanpak: Je kunt in gesprek. Overtuig met inhoud. Houd ontspanning in de gaten.

Het Model van Invloed©

Bijlage bij hoofdstuk 7, De Wet van Roodkapje

S	ituatie	
O	bstakel	
A	anpak	
P	lan	

SOAP-structuur© overtuigend verhaal

Fase 1: Plan	*Dit is het plan/het advies/de maatregel*
Fase 2: Consequenties (nadelen)	*Dit heeft consequenties*
Fase 3: Voordelen	*Ik kan me dan ook voorstellen dat jullie je afvragen waarom dit besluit is genomen, ik dit adviseer*
Fase 4: Implementatie	*Afspraken voor het vervolg*

De commitmentstructuur©

Bijlage bij hoofdstuk 8, De Wet van het Warme Bad

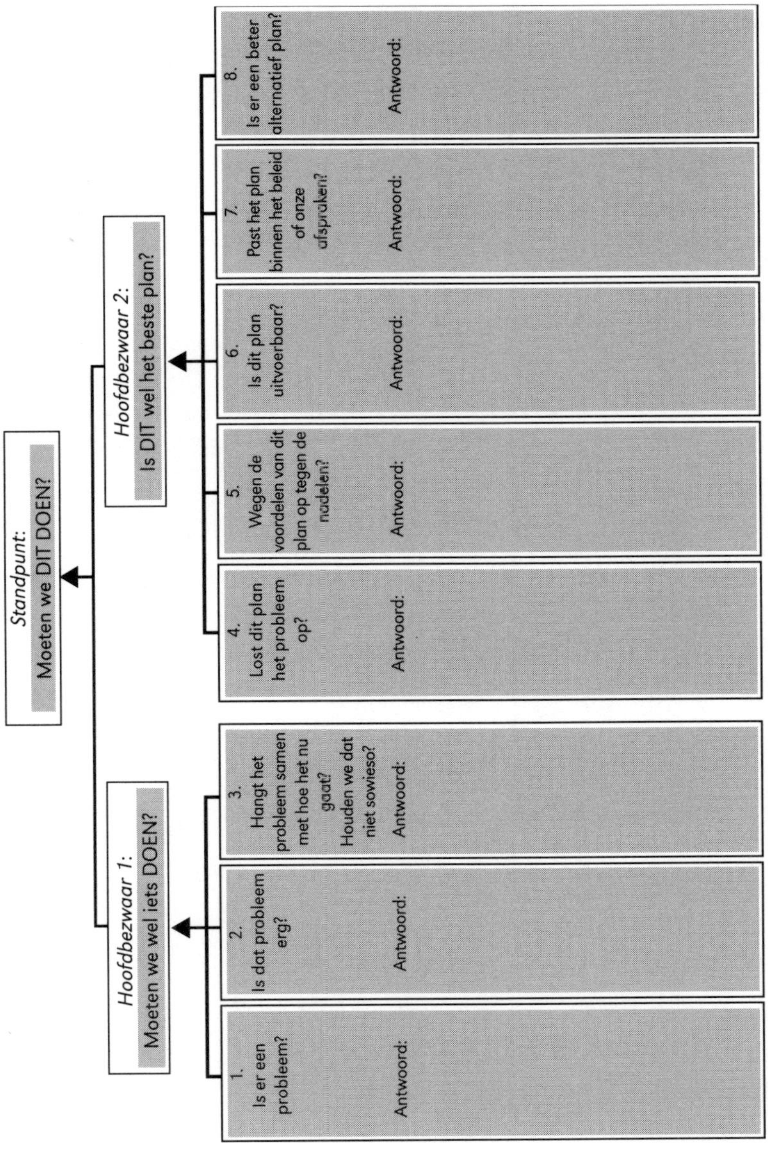

Model 'De acht kwesties' (Boswinkel & Jaspers, 2007)

Bijlage bij hoofdstuk 9, Size does matter

Kernboodschap	
Uitleg	*Daar bedoel ik mee...*
Voorbeeld	*Denk aan... Het is net zoiets als...*
Kernboodschap	*Kortom...*

De pitch-structuur (naar: Klaas Pieter Rieksen, BrainBox, 2005)

Literatuur

De hier genoemde lijst titels is beperkt tot die publicaties die je redelijk makkelijk kan terugvinden om je verder in te verdiepen. Het theoretische deel, heb ik daarnaast gebaseerd op wetenschappelijke publicaties uit onder meer The Journal of the American Medical Association (JAMA), the Journal of Neurophysiology (JN), The Journal of Social Psychology (JSP); European Journal of Social Psychology (EJSP), en de American Journal of Psychology (AJP).

Aarts, Milco: *Verkoop jezelf... je bent meer waard dan je denkt!: Handboek voor zelfpresentatie*, Bzztôh 2004.

Amodio, David M. & Carolin J. Showers: '"Similarity breeds liking" revisited: The moderating role of commitment', *Journal of Social and Personal Relationships* 22, 2005, pp. 817-836.

Arntz, William, Betsy Chasse & Mark Vicente: *What the Bleep Do we (K)now: Ontdek de werkelijkheid achter de werkelijkheid*, Kosmos 2005.

Ball, Philip: *Critical Mass: How One Thing Leads to Another*, Arrow Books 2004.

Bargh, John A. (red.): *Social Psychology and the Unconscious: The automaticity of higher mental processes*, Psychology Press 2006.

Bargh, John A. & Ezequiel Morsella: 'The Unconscious Mind', *Perspectives on Psychological Science* 3(1), januari 2008, pp. 73-79.

Bosch, Ingeborg: *Illusies: Over bevrijding uit de doolhof van destructieve emoties*, L.J. Veen 2006.

Boswinkel, Michiel & Joep Jaspers: *Overtuigen op één A4: In zes stappen naar een doeltreffende tekst*, Academic Service 2007.

Byrne, Donn: 'An Overview (and Underview) of Research and Theory within the Attraction Paradigm', *Journal of Social and Personal Relationships* 14(3), 1997, pp. 417-431.

Cialdini, Robert: *Influence: Science and Practice*, Collins 2001.

Collins, Jim: *Good to Great: Why some companies make the leap... and others don't*, Random House 2001. Nederlandse editie Business Contact, Amsterdam 2005.

Damasio, Antonio R.: *De vergissing van Descartes: Gevoel, verstand en het menselijk brein*, Wereldbibliotheek 1998.

Davidse, Henk: *Je moet schieten, anders ken je niet scoren: En andere citaten van Johan Cruijff*, Bzztôh 2000.

Derks, Lucas & Jaap Hollander: *Essenties van NLP: Sleutels tot persoonlijke verandering*, Servire 2000.

Dijksterhuis, Ap & Loran F. Nordgren: 'A Theory of Unconscious Thought', *Perspectives on Psychological Science* 1(2), 2006, pp. 95-109.

Dijksterhuis, Ap: *Het slimme onbewuste: Denken met gevoel*, Bert Bakker 2007.

Dispenza, Joe: *Evolve your Brain: The Science of Changing your Mind*, Health Communications Inc. 2007.

Ekman, Paul: *Telling Lies: Clues to deceit in the marketplace, politics, and marriage*, W.W. Norton and Company 2001.

Enklaar, Arnold: Zonder titel, *Opinio* 8-14 februari 2008.

Ewijk, Tijn van & Robert Rosier: *Masterflirt: Hoe verleid je iedere vrouw*, Forum 2004.

Fisher, Roger & WilliamUry: *Getting to Yes: Negotiating agreement without giving in*, Penguin Books 1993. Nederlandse editie Business Contact 2005.

Gladwell, Malcolm: *The Tipping Point: How little things can make a big difference*, Back Bay Books 2002.

Gladwell, Malcolm: *Blink: The power of thinking without thinking*, Little, Brown and Company 2005.

Goleman, Daniel: *Emotionele Intelligentie in de praktijk*, Contact 2000.

Haaksma, R.: *Neurologie van cognitie en gedrag in hoofdlijnen*, Reed Business 2006.

Hayakawa, S.I., *Symbool, status en persoonlijkheid*, Athenaeum - Polak & van Gennep 1970.

Heinrichs, Jay: *Thank You for Arguing: What Aristotle, Lincoln, and Homer Simpson can teach us about the art of persuasion*, Three Rivers Press 2007.

James, William: 'What is an Emotion?', *Mind* 9, 1884, pp. 188-205.

Johnstone, Keith: *Impro: Improvisation and the theatre*, Theatre Arts Books 1987.

Karremans, Johan C., Wolfgang Stroebe & Jasper Claus: 'Beyond Vicary's fantasies: The impact of subliminal priming and brand choice', *Journal of Experimental Social Psychology*, Elsevier Inc 2005.

Kolb, Brian & Ian Wishaw: *Fundamentals of Human Neuropsychology*, W.H. Freeman and Company 1980.

Kotler, Philip, e.a.: *Marketing Management*, Prentice Hall 2005.

LeDoux, Joseph: *The Emotional Brain: The mysterious underpinnings of emotional life*, Orion Books 1998.

Levitt, Steven D. & Stephen J. Dubner: *Freakonomics: A rogue economist explores the hidden side of everything*, Penguin 2006.

Mehrabian, Albert: *Nonverbal communication*, Aldine-Atherton 1972.

Milgram, Stanley: *Obedience to Authority: An experimental view*, Harper 1974.

Milgram, Stanley: 'The Perils of Obedience', *Harper's Magazine* 1974.

Mischel, W., Y. Shoda & M.L. Rodriguez: 'Delay of Gratification in Children', *Science* 244, 1989, pp. 933-938.

Motluk, Alison: 'Subliminal Advertising May Work After All', *New Scientist* april 2006.

Newberg, Andrew B. & Eugene d'Aquili: *Waarom God niet verdwijnt: de neurologie van religieuze en mystieke ervaringen*, de Boekerij 2002.

Nutt, Paul C.: 'Smart Companies, Dumb Decisions: Even at succesful companies decision-makers sometimes make foolish choices', *Fast Company* oktober/november 1997.

Pert, Candace P.: *Molecules of Emotion: The Science behind Mind-Body Medicine*, Touchstone Books 1999.

Peters, Thomas J. & Robert J. Waterman Jr: *In Search of Excellence: Lessons from America's best run companies*, Warner Books 1982. Nederlandse editie Business Contact 2005.

Pinker, Steven: *How the mind Works*, W.W. Norton & Company 1997.

Pratkanis, Anthony & Elliott Aronson: *Age of Propaganda: Everyday use and abuse of persuasion*, A.W.H Freeman/Owl Book 2002.

Quintilianus, Marcus: *De opleiding tot redenaar*, Historische Uitgeverij 2001. Nederlandse bewerking Piet Gerbrandy.

Reinders, Antje A.T.S.: *From Methods to Meaning in Functional Neuroimaging*, dissertatie Universiteit van Groningen 2004.

Rieksen, Klaas Pieter: *Meet The Monsters: U hebt nieuws. Of bent u het?* Brainbox Mediatrainingen 2005.

Searle, John, R., *Taalhandelingen: Een taalfilosofisch essay*, Het Spectrum 1997.

Shoda, Y., W. Mischel & P.K. Peake: 'Predicting Adolescent Cognitive and Social Competence from Preschool Delay of Gratification: Identifying diagnostic conditions, *Developmental Psychology* 26, 1990, pp. 978-986.

Simon, Herbert A.: *Models of Bounded Rationality: Economic analysis and public policy* deel 1, MIT Press 1984.

Steehouder, Michaël, Carel Jansen & Kees Maat e.a.: *Leren Communiceren: Handboek voor mondelinge en schriftelijke communicatie*, Noordhoff 2005.

Ury, William L.: *Onderhandelen met lastige mensen: Een strategie om in 5 stappen een doorbraak te forceren*, Business Contact 2005.

Vonk, Roos: *De eerste indruk*, Scriptum Psychologie 2006.

Informatie over de Tenerife-ramp

Zwaailichten.org & Zero Meridian OSP

Citaten

Paul Kerr: tijdens Managementseminar 'De Impactverdubbelaar', Denkproducties, 13 juni 2007.

Hillary Clinton: tijdens de campagne voor democratische presidentskandidaat, New Hampshire, 8 januari 2008.

Bill Clinton: uit de speech die president Bill Clinton hield op 11 september 1998 tijdens het jaarlijkse Prayer Breakfast voor meer dan honderd ministers, priesters en andere religieuze leiders. Ook First Lady Hillary Rodham Clinton was daarbij aanwezig.

George W. Bush: tijdens het tweede Presidential Debate met John F. Kerry, verkiezingen 2004.

John Kerry: tijdens het tweede Presidential Debate met George W. Bush, verkiezingen 2004.

Jos Wassink: op Noorderlicht.vpro.nl, 2005.

Register